こんな樹木葬で眠りたい

自分も家族も幸せになれるお墓を求めて

上田裕文

旬報社

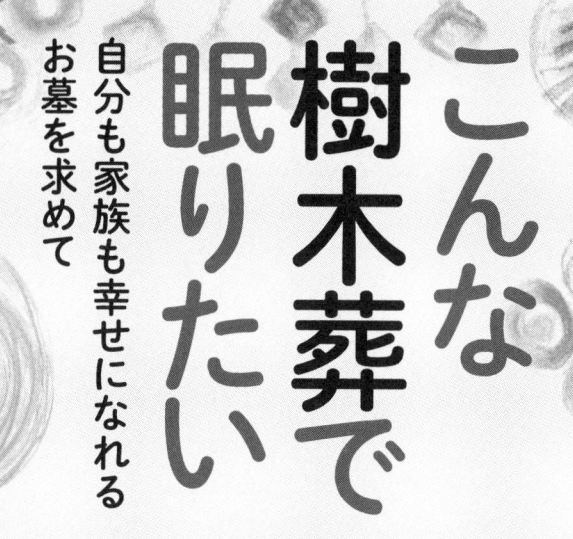

はじめに　森がお墓になる

私は、もともとは森について学ぶ学生でした。現代の私たちが生活の中で森をどのように活用できるかについて、日本とドイツを比べながら研究を行ってきました。明治以降の日本の林業は、ドイツから林業の技術や森林の学問を導入して発展してきたという歴史があります。日本の森づくりでは、ドイツがモデルとなってきたのです。日本の国土の七割は森に覆われていますが、いま私たちの身の回りにある森は、多くが杉の人工林に姿を変えています。実はこれも、ドイツ型林業を導入した影響です。

そんな日本とドイツで、森の持つ意味やその活用方法についての新しい動きを探っていくため、学生時代の私はドイツに留学しました。

ドイツでは、森林地域の農家やペンションに滞在しながら、さまざまな森の利用を見せてもらったり、さまざまな人にインタビュー調査をしたりしていました。農家にホームステイしているときは、朝暗いうちに起きて牛の世話をして、日中は地元のおじいさんについて行って一緒にキノコを採ったり、イチゴを採ったり、林業家に木材生産をしているところを見学させてもらったり、森林官に森を案内してもらったり、そんなフィールドワークを行っていました。

夜は、地元の酒場にいって、お店のおばさんに町の人たちを紹介してもらいながら、その人たちにインタビューの約束をとりつけていきます。小さな町や村では、酒場に人や情報が集まっているのです。そんな調査をしている中で、ある中年の女性の方が興味深い話をしていました。

「私にとって森といえば『お墓』ね。お墓を買ったわ。私がその木の根元に眠って、将来は私の子供もそこに眠るの。素晴らしいことだと思わない?」

このとき初めて、私は「森をお墓に使う」ということを知ったのでした。

その時は、そんなことをする人もいるのか、とあまり気に留めておらず、ちょっと変わった森の使い方をする人もいるのだなあと記録に残しただけでした。これを新たな森の利用として位置付けられるのかどうかも自分の中ではピンときていませんでした。

しかし、日本に一時帰国した時にたまたま、日本には「樹木葬」なるものがあるということを知り、初めて、森をお墓として使うことを「樹木葬」と呼ぶことを認識したのです。まさに、時代の変化の中で生まれてきた、これからの社会に求められる森の使い方として「樹木葬」は注目に値するテーマであると感じ、研究を進めていくことにしました。

まずはじめたのは、日本やドイツの樹木葬墓地を訪ねながら、現地調査とインタビュー調査を行うことでした。日本とドイツで、それぞれどのように森の新たな活用として樹木葬が広まっているかを調べ始めたのです。

森の新たな活用として注目した樹木葬ですが、調査を進める中で驚いたのは、日本では樹木葬の認知度が高まりその数も増えつつあるにも関わらず、ドイツと比較できるような樹木葬墓地が実際にはあまりなかったということです。しかも、次第に樹木葬墓地の形態が多様化していき、樹木葬墓地の情報も混乱しているようにも思いました。

本書では、私自身が主に日本とドイツを中心に樹木葬の調査をやってきて感じたこと、わかったこと、両者の比較から見えてきた、日本の樹木葬墓地の課題、そして今後の可能性について整理したものです。本書を通して、読者の皆さんに樹木葬墓地の持つ可能性をご理解いただき、今後日本において少しでも良い樹木葬墓地が整備されることで、人々が安心して年を取れる社会に貢献できればと願っています。

［もくじ］

第2章 海外の樹木葬墓地

第3章　日本の樹木葬墓地の課題とこれから

第1章

多様化する日本の樹木葬墓地

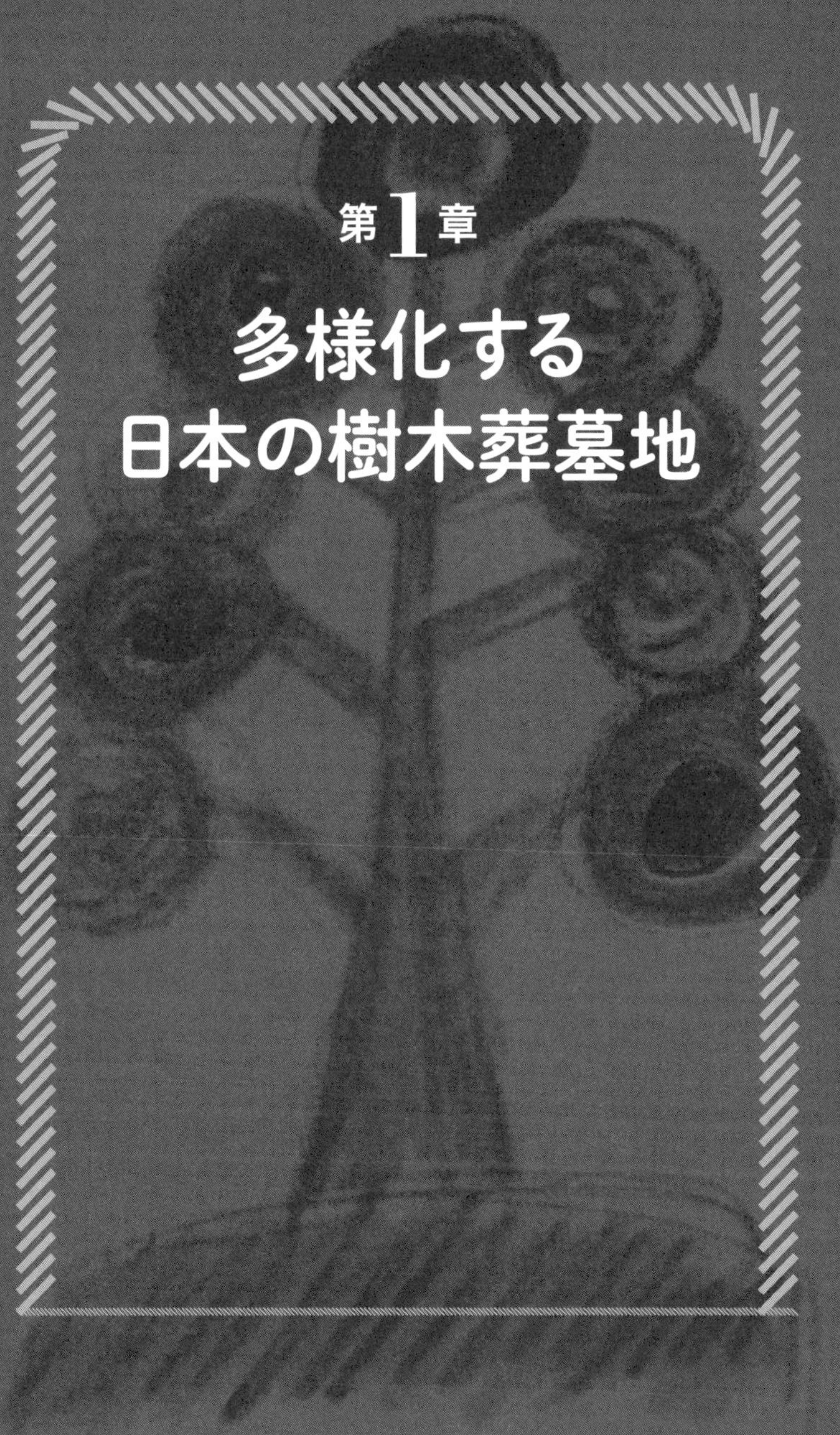

散骨と樹木葬との違い

本書がこれからご紹介していくのは「樹木葬」についてです。樹木葬と聞いて興味を示される方の多くは、散骨に興味を持たれている方がほとんどです。たしかに、「自然葬」というくくりで考えると、共通点の多い両者ですが、実は決定的な違いがいくつかあります。

まず、一番の違いは法律上の位置付けです。驚かれるかもしれませんが、実は、散骨は合法ではありません。しかし、違法でもありません。つまり、法律上きちんと位置づけられていないのです。法律が適用されない散骨に対して、樹木葬は墓地埋葬法で規定された墓地における埋葬方式の一つであるという点が、最も大きな違いと言えます。

しかし、樹木葬に関しても気をつけなければならないことがあります。それは、土に埋めるか埋めないかで法律が適用されるかどうかが変わるため、合法ではない散骨型樹木葬という紛らわしいかたちもあるからです。墓地埋葬法で規定される埋葬（厳密に言うと焼骨の埋蔵）は、地中に埋めることを言い、墓地では遺骨を土の中に埋めることが義務づけられています。ちなみに、納骨堂のように建物の中に遺骨を安置することは収蔵と言い、埋葬とは区別されます。これらは、きちんと許可された場所（墓地か納骨堂）でしかできないのです。それに対して、法律に規定されない散骨は、墓地以外の場所でも可能になります。ですから、許可を得ていない民間業者が行うことも可能になるのです。樹木葬墓地を選ぶ際には、それが法的に許可された墓地での樹木葬なのか、そうではない散骨型の樹木葬なのかをきちんと確認することをお勧めします。

自分の好きな場所に散骨してもらいたいという方もいらっしゃるかと思います。散骨には法律が適用されないからといって、どこでもやっていいかというとそうではありません。

現在、多くの自治体で散骨を規制する条例が設けられていて、散骨ができる場所は制限されている場合があります。海での散骨が最も人気がありますが、たとえ海であっても自治体によっては条例で規制されています。散骨を行う際には、それぞれの自治体の条例を必ず確認しましょう。あと、散骨の際には遺骨を粉末状にしなければならないこともお忘れなく。くれぐれも、土をかけないように。繰り返しになりますが、土の下への埋葬は墓地でしかできませんので。

知勝院——里山がお墓になった日本で最初の樹木葬墓地

日本で最初に樹木葬が行われたのは一九九九年、岩手県一関市の知勝院の樹木葬墓地です。私が知勝院を初めて訪れたのは秋の紅葉が美しい季節でした。カエデの紅葉が色づく、美しい里山で、心地よい枯れ葉を踏みしめる音を楽しみながら、樹木葬墓地の見学をさせていただきました。ドイツの樹木葬墓地が林業地の一区画であったのに対して、里山として整備された日本の樹木葬墓地は、やはりどこか親しみを感じる空間という印象を受けました。

細い小道が枝分かれし、その途中や突き当たりに、故人の名前が記された小さな木札が目につきました。随分と簡単な墓標です。実際には、そのそばに生えている若い花木こそが埋葬場所に植樹された墓標に代わるものでした。木札は、墓参りに訪れる人のために最低限の人工物として地面に立てられたものだったのです。秋も深まり、多くの木はすでに葉を落としていたため、そうした小さな花木に私は気がつかなかったのでした。

知勝院の千坂峰《げんぽう》住職は、大変熱心に里山の動植物について説明してくれました。樹木葬墓地を一周歩くと、車で移動して、当時新たに整備中だった第二墓地に向かいました。間伐を終

里山の中を巡る道沿いに木札と低木が並ぶ知勝院の樹木葬墓地

えたばかりの里山の斜面を走りながら説明を受けていると、突然軽トラックが脱輪して動けなくなってしまいました。出会ったばかりの住職と、墓地造成予定の山中に二人きりで取り残されてしまい、途方に暮れかけましたが、一緒に車を押すこと三〇分、なんとか脱出できてホッとしました。それからさらに、樹木葬と並行して進めている、地域の環境保全の現場を見せていただき、川辺の道を歩きながら、地域の自然環境について説明を受けました。そんな感じで、私の初めての樹木葬墓地見学は、気持ちの良い秋の日に、素晴らしい自然ガイド役の住職に案内していただき自然散策をたっぷり満喫したという印象が強かったのです。

それから数年たった雪深い冬に再び知勝院を

訪れました。小さな小道はきれいに除雪が行われていて、一本一本の苗木の周りの雪まで取り除かれているのを見てとても驚きました。この雪の中でもお墓まいりに訪れる人がいるということです。そして、そのために除雪をする手間がどれだけのものなのか、想像ができませんでした。さらに数年後、今度は夏に訪問しました。管理職員の方が、一生懸命草を手で抜いている様子に、これまた驚かされました。この樹木葬の風景を維持するのにどれだけの手間暇や労力が割かれているのか、普段目にする写真だけでは決してわからない、美しい樹木葬墓地を維持するための並々ならぬ強い思いを感じました。

当時の住職の千坂嵃峰氏は、以前から地域の環境保全や自然再生に熱心に取り組まれている方で、その活動は「久保川イーハトーブ世界」の自然再生事業として発展し、環境大臣賞を受賞するほど本格的なものです。つまり、樹木葬の取り組みは、こうした地域活動の中に位置づけられ、「自然再生の取り組みの一環」として始められたものだったそうです。当時は、墓地開設の許可はまだ都道府県の管轄でした。岩手県の担当課では、この樹木葬が全国初の試みであるとは認識しておらず、基準に照らしてわりとすんなり許可が下りたといいます。

この新しいお墓のかたちはたちまち注目を浴びることとなり、全国の墓地関係者が視察に訪れ、次々と樹木葬墓地が新たに開設されていきました。そのため、初期に普及した樹木葬墓地は、知勝院をモデルとしたものがほとんどです。

では、この初期の樹木葬のかたちを詳しく見ていきましょう。初期樹木葬の特徴は、墓域に指定された里山に掘られた穴の中に遺骨を直接流し込み、土を埋め戻した後、その上に苗木を植樹するというかたちです。一切の人工物は設置が禁じられていて、埋葬箇所には故人の名前が記された木の札が立てられているだけです。墓石がなければ地中にカロート(石やコンクリートの骨つぼをおさめる部屋)もありません。「花に生まれ変わる仏たち」をコンセプトとしているため、花木が用いられ、契約者は埋葬箇所から半径一メートルの範囲の区画を利用する権利が三十三回忌に合わせて三十三年間与えられるという仕組みになっています。

このかたちが基本となって、全国に同様の樹木葬が広まっていきますが、千坂住職の里山保全のこだわりまでは正確には広まっていきませんでした。例えば、知勝院では、その土地にももともと生えていて、将来的にあまり大きくならないヤマツツジ、エゾアジサイ、ナツハゼ、ガマズミといった花木があらかじめ指定されていて、その中から好きなものを選ぶようになっています。植樹した苗木が、きちんとその土地に根づき、将来的に大きくなりすぎてお互いに邪魔し合わないようにということが考えられているのです。それに対して、他の場所の樹木葬墓地では、契約者が好きな木の種類を自由に選べるという仕組みのところもあります。将来的な木の成長を考えると、管理が難しかったり、そもそもその土地では生えられなかったりといった問題が後から出てきたところも少なくありません。いずれにせよ、それぞれの墓地経営者の事情や、その地域の条件、購入希望者たちのニーズに影響を受け、さまざまなかたちに姿を変えた樹木葬墓地が生まれていきました。そして、その中には広く支持を集めるものもありました。

都市郊外にできた樹木葬墓地

樹木葬への関心は、都市住民にとても高かったと言えます。そもそも、墓地問題に悩むのは故郷から都市に出てきた次男や三男といった、お墓を持たない人たちが中心となるからです。そうした理由から、都心から近い千葉県には当初から多くの樹木葬墓地が誕生しました。その初期にできたものの中で、いすみ市の天徳寺、袖ヶ浦市の真光寺を訪れました。

天徳寺の二神住職には本堂に宿泊させていただき、樹木葬の取り組みだけでなく、同時に行っている里山再生の取り組み、地元の農業支援の取り組み、発展途上国援助の基金への取り組みといった社会貢献活動についてもじっくりとお話をうかがいました。ご家族で経営されるこぢんまりとしたお寺の裏山に広がる樹木葬墓地は、住職がほぼ自力で整備を続けていて、手づくり感のあるものとなっています。

基本的には、岩手の知勝院をモデルとした遺骨埋蔵後の苗木植樹というタイプの樹木葬ですが、好きな樹種を選べるという違いがあります。杉林を切り開いて土地をならし、墓地区画として整備していますが、最初に整備された第一区画の樹木はすでに大きく成長しており、多少混み合った状況になっています。そのため、第二・第三区画では、樹木の間隔が少しずつ広く取られています。墓苑の一角には、桜の木の周囲に埋蔵される共同墓もあり、草創期の樹木葬墓地の特徴を見ることができます。

袖ケ浦市の真光寺は、きれいに整備された本格的な本堂と、その前の緩やかな斜面に広がる明るい樹木葬墓地が印象的です。こちらでは、なだらかな丘に立つ樹木や草花の間を小道が通っていて、その脇に小さな石のプレートが並んでいるのが目につきます。そのプレートの下に遺骨が埋蔵されていますが、新たな苗木の植樹は行いません。敷地全体の樹木の整備をお寺が行っています。入り口付近には、桜の木の周囲に埋蔵される共同墓型の樹木葬もあり、こちらではその横に埋葬されている方の名前がリストになって掘られた石の墓誌が立っています。

真光寺では、岡本住職と、こうした自然管理を中心的に行っている職員の椎野氏にお話をうかがいました。驚いたことに、椎野氏は私が学生時代に大手設計事務所でアルバイトしていた時の先輩でした。一〇年以上ぶりの偶然の再会にお互いびっくりしました。私たちは二人とも、卒業後に公園などのランドスケープデザインの道には進んでおらず、なぜかお墓で再会したのですから。しかし、造園学を専門に勉強していた先輩が樹木葬に関わっているということで、明るい雰囲気で美しく整備された樹木葬墓地の様子に納得がいきました。

この辺りはもともと里山に竹林が広がった場所だったそうで、これらを再び里山に戻すという目的で樹木葬墓地が整備されました。これと並行する形で、地元の棚田再生や子供たちの自然学習の提供といった上総自然学校の取り組みを行っているそうです。

このように、初期の段階で樹木葬墓地を開設したところでは、知勝院が始めた樹木葬をモデルとしながら、自然教育や地元の農業振興といった、地域の里山再生という理念も含めて実践している樹木葬墓地が見られます。

女性たちのニーズに応えた「桜葬」

樹木葬の一つの形として、最も知られているのが「桜葬」ではないでしょうか。町田市の新興住宅街からさほど離れていない場所に、大きな民間霊園があり、その一区画が桜葬の墓地となっています。周りにはさまざまな石のお墓が並んでいるので、そこだけがぽっかりと空いた、芝生の休憩スペースのような印象を受けます。一般的な大規模霊園の中にあるから、余計にその違いが際立って見えるのかもしれません。

私が訪れたのは、ちょうど新しい樹木葬区画「桜の里」がオープンする直前でした。お話を伺ったのは、墓地の経営・管理を行っているいずみ浄苑の方、墓地運営を行うNPO法人エンディングセンターの職員の方でした。そして、エンディングセンターの井上治代理事長にも同席していただきました。お話をうかがう際に訪れた霊園内の現代的な建物、いただいたすてきなパンフレットや、ご紹介いただいたDVDの映像なども、女性の志向に合わせたものになっているのがよくわかりました。

東洋大学ライフデザイン学部の教授でもある井上治代氏は、全国の最初期の樹木葬に関わりながら、自身でも新しいNPO法人を立ち上げ、樹木葬として桜葬墓地を開設しました。社会構造の変化で、家族墓から個人墓への志向が高まっていく時期、その最初の動きは女性たちのニーズから始まったと言います。

明治以降、跡継ぎによって先祖代々承継されてきたお墓は、男性を中心とする家制度の考え方に基づいていました。それに対して、お墓の問題で悩むのは女性が多く、嫁いだ先のお墓に入ることへの抵抗や、さまざまな事情によって自分たちでお墓を用意しなければならない女性たちが中心になって、会員制のお墓を自分たちでつくるという共同墓が生まれたのです。樹木葬以前にできた共同墓としては、代表的なものに巣鴨にある「もやいの碑」などがすでに知られていました。

こうした流れの中で、女性を中心とするニーズに応えたかたちでつくられた樹木葬の最初が「桜葬」です。日本人に愛される桜をシンボルツリーとした共同墓である点が特徴で、「墓友《はかとも》」という言葉を普及させたように、生前からの女性購入者同士の新たな交友関係、コミュニティーの形成という点にむしろ力点が置かれています。そして、町田市のいずみ浄園に開設された第一号に続き、関西の高槻市にも第二号を開設させ、地域を越えて展開している点も特徴的です。それまでの樹木葬墓地は、経営する主体が単独で開設するのが一般的であったのに対し、桜葬は、運営する主体であるNPO法人エンディングセンターが複数の地域で展開する樹木葬の事業だったからです。

ちなみに、基本的にNPOが墓地経営をすることは多くの自治体で認められていないため、NPO法人エンディングセンターは、寺院経営の民間墓地の一区画を会員専用に確保するというかたちで墓地を運営しています。この点は、のちに紹介するドイツの樹木葬墓地の運営の仕方と普及の状況に少し似ています。

公営墓地での樹木葬のスタート——横浜市メモリアルグリーン

行政がつくった公営墓地として最初の樹木葬墓地は、横浜市で始まりました。すでに有名になっていたメモリアルグリーンを訪れたのは、秋のことでした。見学に先立ち、横浜市役所を訪れ、生活衛生部環境施設課で、担当職員の方々に「横浜市でどのようにしてこれまでにない新しい形の公営墓地が誕生したのか」ということについてじっくりとお話をうかがうことができました。とても熱心な職員の方に、横浜市が抱えている墓地の課題、これまでの市営墓地の歴史、現在の用地確保の難しさや長い年数をかけて専門家も含めて研究を重ねてきた経緯などについてご説明いただき、その真摯な取り組みに心から感動しました。そして、興奮したままメモリアルグリーンの現地見学へと向かいました。

JR戸塚駅まで電車で移動し、そこからさらにバスで二〇分ほど揺られて郊外団地に囲まれた運動公園の横で下車したときにはすでに夕方近く、傾いた太陽の光の中を学校帰りの子供たちや、散歩する人たちがちらほら見られました。公園を抜け、メモリアルグリーンの事務所を訪れると、指定管理を受けている現地担当者の方が出迎えてくださり、早速墓地の中を案内していただきました。

墓地の中なのに、まるで公園のように人々が歩いている様子がとても印象的でした。墓地に咲き誇るバラの花たちは、ボランティアの方々に管理されているそうです。まさに、公園と一体化したお墓であり、従来のお墓とは全く異なる印象でした。芝生を中心とした洋風のお墓が整然と並び、まるで海外の墓地のようです。お目当てだった樹木葬墓地は奥の方にあり、一段高くなった台の上に芝生が広がり、そこにどっしりと巨大な樹木がそびえるという形で風景の中に溶け込んでいました。

公園や緑地関連の取り組みをはじめ、行政として先進的な取り組みが多い横浜市では、新たなお墓のかたちを二〇〇六年にいち早く実現させました。その背景には、古くから外国人墓地が整備されてきたという歴史があります。日本社会の一般的なお墓の形式にとらわれない、現在の市民のニーズに応えるかたちで樹木葬墓地をスタートさせたのです。横浜市では、市民を対象とした大規模なアンケートを実施し、これから地域に求められるお墓の形態を把握した上で、現状の公営墓地や、用地取得の現実性などと合わせ具体的なお墓のかたちが検討されまし

日本で最初の公営樹木葬墓地である横浜市のメモリアルグリーン

た。日本で最初の公営樹木葬は、こうした横浜市の墓地埋葬事情から採用された形式だったのです。

こうして、出来上がったメモリアルグリーンという名の公営墓地ですが、閉鎖したテーマパーク跡地に開設されたという点がとてもユニークです。都市の真ん中に新たに墓地をつくることには、近隣住民からの反対が予想されます。しかしここは、テーマパーク跡地が中古車販売業者によって買い取られることに対する住民の反対があり、そうした近隣住民の要望を受けて土地を市が買い取り、半分をスポーツ施設、残り半分を墓地に整備することになりました。こうした経緯から、住民からは比較的容易に受け入れられた新規墓地だったようです。しかしながら、周囲の農家からは、農作物に対する風評被害を心配する声があがったり、隣接する団地からは、暮石に反射する日光がまぶしいのではという意見があったりと、対応が多少は必要だったそうです。

新たに整備された墓域には、芝生の上に石のプレートがおかれる、洋風の墓地と、石のモニュメントの地下にカロートと呼ばれる部屋をつくり、合葬を行う合葬型共同墓、そして、シンボルツリーの周りの芝生に個別に埋葬が行われる樹木葬墓地の三種類が整備されました。このシンボルツリー型樹木葬は大変な人気を誇り、既に募集も終了しています。この樹木葬墓地の形が、その後の日本の公営墓地に与えた影響は計り知れません。

都心で人気が高まる都市型樹木葬墓地——東京都小平霊園

横浜市のメモリアルグリーン開設から六年後の二〇一二年に、東京都の小平霊園が同じくシンボルツリー型の公営墓地を開設しました。当初から一〇倍を超える応募が殺到し、全国的にも注目を集めました。そしてこれ以降、全国の自治体が新規墓地の整備にあたっては東京都を参考にするようになりました。

樹林墓地と樹木墓地が並んで整備された東京都立小平霊園

私は、メモリアルグリーンを見学した翌年の春に、東京都の小平霊園を訪れました。子どもの頃に父の仕事の関係でこの近くに数年間住んだことがあったのですが、小平霊園を訪れたことは数えるほどしかありませんでした。しかも、ジョギングで通過しただけです。まさか自分が、お墓の研究で再びこの場所にやってくるとは夢にも思いませんでした。

見違えるほど変化した小平駅周辺の町の景色と、全く変わらない墓地周辺の石材店が並ぶ様子にとても不思議な感覚を覚えました。当日はあいにくの小雨でしたが、最初にお話をうかがうために訪れた管理事務所と、今回の見学対象である樹林墓地、樹木墓地はいずれも霊園の入り口付近にありました。

白と黒のチェッカー模様の舗装が施された広場に、一段高くなった芝生のエリアが二つあり、シンボルツリーが数本立っています。樹林墓地、樹木墓地は隣り合っていますが、埋葬の方法が異なります。樹林墓地は合葬型の墓地で、地下に複数設けられたカロート内に他人の遺骨と一緒に埋蔵されるのに対し、樹木墓地は、遺骨が個別に埋蔵されるという違いがあります。個別埋葬の樹木墓地の方が人気は高いのかと思っていましたが、実際には、合葬される樹林墓地の方が倍率が高く、その応募倍率は樹木墓地の約二倍に対して、樹林墓地はいまだに二〇倍という狭き門です。この理由は、樹木墓地は既に遺骨がある人しか応募できないのに対して、樹林墓地の方は遺骨がなくても生前申し込みができるからのようです。

私が見学に訪れた時は、まだオープンして間がなく全国からの視察が多く訪れているころだったため、管理事務所でお話をうかがっても、まだ利用者の全体的な傾向などは把握できていない状況でした。しかし、管理者側も、予想を超える人気と全国からの注目度の高さに驚いており、今後の都市型の樹木葬墓地の全国普及はこの時点で決定的なものになっていたと言っても過言ではないでしょう。

最近の都市型樹木葬墓地——札幌の都市型樹木葬、ばらと霊園と真駒内滝野霊園

現在、私が住む札幌の周辺でも「樹木葬」として売り出している墓地が二カ所あります。それらを見てみるといずれも都市型の樹木葬です。

ばらと霊園は「八十八ヶ所桜葬」という名で、既存墓地の隅にある小さな丘の周囲に桜の木が植わっています。中央の丘が細かく区画に分けられていて、一人ずつ個別に焼骨が埋蔵されることになっていますが、その範囲や区画の境界が目に見えるわけではありません。この丘には立ち入ることが禁じられていて、周囲の桜が墓標がわりになるため、丘の周りでお参りするとのことです。永代供養付きの樹木葬墓地ということですが、将来的に合祀されることなく、永久に墓地区画が維持されるそうです。発売から一年で三〇〇〇区画が売り切れたとのことで、翌年には新たな樹木葬墓地が造営されました。

この新たな樹木葬墓地の計画には、私自身も少し意見を言わせてもらったこともあり、墓地の形態が少し変化しました。樹木の周囲に埋葬する形を複数組み合わせた樹林のタイプで、細かい通路と丁字路を複数組み合わせることで、墓参者をできるだけ埋葬地点に近づくことを可

能にするとともに、プライバシーが保たれた形で個別の参拝が可能になるように提案させてもらいました。最終的には寺院側の意向で合葬墓を中心に位置付けることになったため、出来上がりは私が思い描いていた通りにはなりませんでしたが。

もう一つの真駒内滝野霊園には、「さくらガーデン」という共同墓としての樹木葬墓地がつくられています。バラ花壇の周囲の石材部分が地面から立ち上がった洋風の墓石になっています。この円形の共同墓が整然と並び、その間に桜の木が植わっています。一人ひとつの墓石があるので、墓地の個別性ははっきりしています。そして、将来的に合祀される有期限と永代供養とが選べるようになっています。樹木葬という名前の割には石材を使っている部分が多くを占め、埋葬部分には樹木がないという点から、洋風墓地との明確な違いはありません。やはり、墓地と石材店とのこれまでの繋がりがあるため、多くの既存墓地では石を使わない樹木葬墓地がつくりづらいという現実があるのかもしれません。

このように、墓地空間の見た目の雰囲気は大きく異なる二カ所の樹木葬墓地ですが、共同墓としての空間の構造自体はさほど変わりません。結局のところ、細かい空間のしつらえや管理体制、料金などのサービスの違いで墓地が差別化され、消費者に選択されている現状を見ることができます。

全国への爆発的な普及と多様化する樹木葬のかたち

当初は自然葬として始まった樹木葬ですが、これまで見てきたように、その目的や背景によって異なる特徴があり、それに応じて樹木葬のかたちも多様化していきました。具体的には、自然環境を重視した樹木葬、新たなお墓のかたちを求める社会グループに対応した樹木葬、墓地需要という行政課題から生まれた樹木葬では、それぞれが樹木葬墓地を通して実現しようとしていた目的が異なりました。

当初は、全国から岩手県の知勝院に視察が訪れ、樹木葬という埋葬の方法が各地に広まっていきました。そのため、初期に整備された樹木葬墓地は知勝院をモデルとしたものが多かったのですが、それは、新たな埋葬の形式やお墓の形態だけを部分的に取り入れたものが多く、次第に都市部のニーズに合わせた、庭園風の樹木葬がさまざまな形態で提供されるようになったのです。

樹木葬がここまで多様に広がっていくとは想像していなかった知勝院の千坂住職は、樹木葬という名称に商標登録などは行っていなかったこともあり、今では多様な広がりの墓地形態のすべてが一般名称の樹木葬としてひとくくりにされるようになりました。このことも、もしかしたら樹木葬が分かりづらい要因のひとつかもしれません。

樹木葬墓地の四タイプ

私は、全国で多様なかたちで普及しはじめた樹木葬墓地の現状を把握しようと、学生たちと調査を行いました。二〇一二年の時点で、「樹木葬」という名前で墓地販売を行っている場所を、インターネット検索やポータルサイトの情報を集めて調査し、全国にある樹木葬墓地の形態を整理しました。その結果、樹木葬墓地の形態を、大きく分けて「里山型」「樹林型」「ガーデニング型」「シンボルツリー型」の四つのタイプに分類することができました。

里山型というのは、最初の樹木葬墓地である知勝院に代表される、山林をそのまま樹木葬墓地に変えたものです。基本的には、山林の樹木をそのまま墓標として使うのではなく、それらをある程度伐採した後に埋葬箇所に新たな苗木の植樹を行うというものが一般的です。その際に使われる山林は、日本の山林の多くを占めている杉の人工林もしくはかつてまきなどをとるのに利用されてきた里山であることが多く、その自然環境の状況によって、樹木葬墓地の雰囲気も異なります。自然豊かな環境が重視され、その一方で都市から離れていることが多いため、アクセスに難があるというのも特徴になります。

樹林型の樹木葬墓地というのは、かつて山林でなかった場所に、苗木植樹を通して将来的に樹林を形成していくお墓を指します。里山型と違って、山林以外の平場や新たに造成した場所に新たに樹林をつくることができるため、アクセスの良い場所に開設することができます。この場合も、各墓碑の代わりに樹木が用いられるため、埋葬や参拝の個別性が保たれた樹木葬であると言えます。先ほど紹介した天徳寺は樹林型と言えます。

ガーデニング型の樹木葬墓地は、従来の和型のお墓を西洋型に変え、「樹木葬」をうたっているものが全て含まれます。そのバリエーションは実に豊富で、石のかたちを縦長の和型から、横長やプレートの西洋型に変えた上で周りを芝生や花壇にしたもの、墓石をなくして植え込みや花壇のみにしたものなど、まさに多様なガーデニング様式に対応したお墓となっています。埋葬の仕方も、個人や家族単位の場合もあれば、共同墓の場合もあります。いずれも、庭園と同じような手間ひまをかけた維持管理が求められるという特徴があります。

シンボルツリー型は、一定の敷地面積が共同墓として使われ、そこに一本または数本のシンボルツリーを植えるというお墓です。横浜市のメモリアルグリーンに見られるように、個別の埋葬が行われる芝生墓地にシンボルツリーが立っているものが多く、個別に石のプレートがおかれることもあります。また、他人の遺骨と合わさった合葬式の共同墓のお墓としてシンボルツリー型の樹木葬墓地が整備される場合もあります。いずれにせよ、面積あたりに最も多くの遺骨を埋葬できるという効率性の高さから、都市部で多く用いられるお墓のタイプです。また、庭園型と違って管理が容易であるという特徴から、行政が整備する公営墓地では、この形態が好まれる傾向にあります。

このように四つのタイプに分類される樹木葬墓地ですが、実際に数を数えてみると、ガーデニング型やシンボルツリー型といった、いわゆる都市型樹木葬が全体の八割以上を占める現状が明らかになりました。自然葬として自然環境重視のお墓として始まった樹木葬墓地ですが、現在では従来型の墓石にこだわらない、自然風の墓地が「樹木葬」として都市部で売り出されているという状況なのです。

社会的な関心事としての墓地問題

日本社会で人口推移が、増加から減少に転じたのは二〇一二年です。少子高齢化は、年金問題をはじめ現役世代の負担であったり、地方部の活力の低下だったりという話題と結びつきやすい言葉です。しかし、逆に販売が伸びるものもあります。それがお墓です。

二〇二五年には、団塊の世代が七五歳を超える後期高齢者となり、超高齢化社会が訪れ、その後には多死社会が訪れると言われています。単純に亡くなる方が増えるからお墓が増えるというわけではありません。これまでの人口増加では、世帯数も増加してきました。世帯数がピークを迎えた二〇一五年は、一九七〇年と比べても世帯数が二倍近くに増加しているのです。

すでに述べた通り、家族がお墓を引き継いで守っていくというのは、明治時代に制定された家制度に基づく考え方です。お墓は家の跡継ぎによって引き継がれ、檀家になっているお寺に管理してもらい、供養をお願いするというのがこれまでは当たり前でした。そして、跡継ぎ以外の次男や三男は、自分たちで新しいお墓をつくるので、単純に考えると、世帯数の増加がそのまま墓地需要の増加につながるというわけです。

しかし、少子高齢化によって、子供のいない、または生涯未婚の方などが増加し、これまで当たり前だった「お墓は家族で代々承継するもの」という前提が成り立たなくなってきました。家族のかたちが多様化し、跡継ぎがいなかったり、もしくは跡継ぎがいても何かしらの理由でお墓を引き継ぐことができなかったりということが増えてくると、これまでのお墓をそのままのかたちで存続させるのが難しくなってきます。こうしたさまざまな家族の事情に対応するために、さまざまなかたちのお墓が必要とされるようになってきたのです。

一方で、このような家族構成の多様化といった社会的な変化とは別に、私たち個人の死生観やお墓に求める形態にも大きな変化があります。先祖代々のお墓を引き継ぐ場合に対して、自分自身のお墓を新たに用意する場合は、自分でどのようなお墓を用意するかを考える必要がでてきます。つまり、お墓に多様な個性が反映されるようになってきたのです。

これほどお墓がマスコミで紹介され、「終活」という言葉までつくられた時代は過去には無いのではないでしょうか。私自身もここ数年、終活セミナーでの講演を依頼されることが増えています。お墓の話題が身近になり、死に対するタブーは薄れてきたのでしょうか。

北海道新聞編集委員の福田淳一氏は、映画「おくりびと」や「千の風になって」の歌の大ヒットくらいから社会の死の話題に対する感覚が変わってきたと話しています。今では、終活やエンディングノート、墓じまいなど、お墓に関する話題は、ほぼ毎日のように新聞やテレビで取り上げられるようになりました。

家族構造の変化とお墓の変化

現在一般化している「○○家の墓」と書かれた石のお墓は、歴史的に見るとさほど古くありません。また、樹木葬墓地の原形と見られるものも過去にありました。そもそも、火葬が一般化したのも、家族で一緒にお墓に入るようになったのも、お墓が石でつくられるようになったのも江戸や明治以降であって、そんなに昔のことではありません。

墓地の研究を空間の視点から研究している京都女子大学の槇村久子氏は、一連の研究の中でお墓のかたちの変化を大きく三段階に分けて整理しています。故人の尊厳性が重視され、お墓が地縁血縁で永続的に守られ、お墓の場所も固定されていた第一段階。近年になってお墓の個人化が進み、地縁血縁から切り離されるとともに、お墓の場所も遺族の都合で流動的になる第二段階。最近では、友人同士や他人同士での共同墓が増加し、個人でも有期限のお墓やそもそもお墓のかたちを必要としない人たちが増加している第三段階に進んでいると言います。

先祖代々の家制度は煩わしい、かといってやはりひとりぼっちは寂しいといった感情から、個人化していたお墓が再び共同化しているというのは大変興味深いことです。人はひとりでは生きられないけれど、みんなひとりで死んでいく。それでも死後、誰かとつながっていたいという思いは多くの人に共通しているのかもしれません。

自然葬としての樹木葬が人気のわけ

こうした社会背景、お墓のかたちの変化の中で、近年樹木葬が人気なのには、大きく分けて三つくらいの理由があると思われます。最も重要なポイントは、先ほど述べた、樹木葬が承継者を必要としないお墓のかたちであるという点です。自然に還るお墓なので、人の手を必要とせず、自然の摂理に任せることができるというイメージと結びついています。そのため、お墓を管理する遺族がいないという方、または、残された遺族に迷惑をかけたくないという方に、樹木葬は安心感を与えてくれるのです。

二つ目は樹木葬が自然回帰のシンボルである点です。死んで冷たい石の下に眠るのは嫌という方、死んでも自然の一部になって生命の循環の中で生き続けたいといった漠然とした希望を持つ方、樹木葬と結びつく自然のイメージは人によってさまざまです。いずれも、「自然」や「樹木」がもつ未来にむかって命がつながっていくイメージが、死が持つ「終わり」の感覚を打ち消してくれるのです。

三つ目は、樹木葬墓地が環境保全と結びついた「エコなお墓」である点です。世界的に環境意識が高まる中、環境保全の実践として樹木葬を選択するという人もいます。山を削って整備される大規模な事業型の霊園よりは、山をそのまま自然のかたちで使ったお墓の方が良いという考え方です。また、日本ではあまりなじみがないかもしれませんが、海外には、自然再生や環境保全の手段として樹木葬墓地が利用されている事例もあります。後ほど紹介する千葉県の「森の墓苑」も同様の事例です。地域のため、環境のためを考えて自分のお墓を決めるという方もいらっしゃるのです。

墓地を通して見えてくる社会

墓地は社会を映す鏡と言えるのではないでしょうか。どこの国に旅行に行ったとしても、そこにはお墓が必ずあります。人は必ず死ぬので、人が住んでいるところに、必ずお墓またはそれに変わる場所があるのは当然のことです。そして、その立地や、墓地の雰囲気、一つ一つのお墓の佇まいなどは、国や文化によって全く異なっています。

例えば、有名な歴史上の人物のお墓が、観光地になっているケースはもちろんです。エジプトのピラミッドだって王様のお墓ですし、遺跡としてのお墓は世界中にあります。そうでなくても、車窓に時折現れるその土地のお墓は、それがお墓であるかどうかも初めて目にするとわからないものが多かったりします。このことは、日本国内でも同様ではないでしょうか。

初めて沖縄を訪れる人は、道端にある石造りの小さな亀甲形の家を見て、これがお墓だとは気づかないかもしれません。逆に、森の中で突然現れる、昔からの集落のお墓、大都会のビルの隙間に所狭しと並ぶ墓石など、普段はあまり気に留めなくても、私たちの周りにはいろんな形の墓地があり、それは地域によって特徴があったりします。つまり、お墓はその土地の気候や風土といった自然の影響を受けるだけでなく、その地域の社会的な条件を表すものであると言えます。さらには、人々が、死についてどのように考えているか、死者をどのように扱っているかがお墓には表れていると言えるでしょう。

お墓が社会の慣習に従って決まった形を持っていた時には、以上のようなことが言えたかもしれませんが、近年の社会変化の中で、自分のお墓を生前に自分で用意する人たちが増えてくると、こうしたお墓の地域ごとの特徴は薄まってきています。お墓を、遺族が社会規範に従って用意するのではなく、故人の趣味趣向を反映させた墓地の場所や形が選択されるようになるからです。

そうすると、墓地空間は、亡くなる本人が生きているうちに望む、日常生活空間の延長で選ばれることになります。この意味で、今後の墓地空間は、生者の空間と切り離されたものではなく、両者がより近接し、一体となった形で志向されることが容易に予想されます。こうして墓地空間には、生きている間の日常生活空間がそっくりそのまま求められたり、逆に、生きている間に実現できなかった「生き方」の希望がお墓に反映されたりするでしょう。

この意味で、墓地空間は、日常生活空間に対するアンチテーゼでもあるのです。家族構成をはじめとする社会構造を整理することで、社会に求められるお墓のあり方が明らかになるだけでなく、日常生活空間の問題を徹底的に洗い出すことで、その裏返しとしての理想の墓地空間のあり方が浮き彫りになるのかもしれません。

墓じまいブームの背景――油断しているとお墓がなくなる

すでに述べたように、現在の日本の樹木葬墓地は都市型のものが八割以上を占めていますが、この都市型の樹木葬墓地が流行する背景には、「墓じまいブーム」があると考えられます。

ちょうど全国初の樹木葬墓地が生まれた一九九九年には、墓地埋葬法施行規則の改正があり、無縁墳墓の改葬手続きが簡素化されました。簡単に言うと、持ち主不明のお墓や管理費が支払われていないお墓を、管理者が簡単に再整備できるようになったのです。具体的には、これまで二紙以上の新聞での三回以上の広告、縁故者調査などが必要であったのに対し、九九年以降は、官報に掲載し立て札を立てて一年間縁者から連絡がない場合、改葬が可能になりました。このことが何を意味するかというと、地元に残した先祖のお墓が、久しぶりに墓参りに訪れたらなくなっていた、という状況が起こりうるということです。このことが、人々の不安を加速することになったのです。

遠く離れたふるさとのお墓を、目の届く範囲の近場に移してこようという「墓じまい」にともなうお墓のお引っ越しも増えています。

知らないうちにお墓がなくなっているというリスクを減らしたいと考える人が多いのも当然のことかもしれません。

こうして「墓じまい」したお墓をどこにお引っ越しさせるのか、というときに注目されるのが樹木葬墓地です。宗教不問であるお墓が求められ、複数の血縁の家族墓を統合する必要があるなど、従来のお墓で対応できないケースに柔軟に対応できる新しいお墓のかたちとして、樹木葬墓地は格好の受け皿になったと言えるでしょう。

無縁塔と似て非なる共同墓

「墓じまいブーム」は、どちらかというと先祖のお墓がなくなることの心配でしたが、逆に、自分自身のお墓が将来なくなってしまうのではないかという不安も、お墓選びに大きな影響を与えました。無縁墳墓の改葬簡素化によって、自分のせっかく買ったお墓も、子供たちがきちんと面倒を見られなければ、いつかなくなってしまうという可能性が人々に意識されるようになったのです。無縁仏になってしまうのではという不安に子供たちに迷惑をかけたくないという考えも相まって、最初から承継者不要、管理不要のお墓を選択する人が増加していったのです。

樹木葬の中でも、特に都市型の樹木葬墓地が人気なのはなぜでしょうか。その背景には、共同墓に対する認識の変化が大きいと考えられます。共同墓というと、最近までは、無縁仏になった墓石を集めた無縁塔とさほど変わらない、身寄りのない人たちのためのものという認識がありました。しかし近年、新たにお墓を購入する人の中には、承継者がいなくて、将来無縁塔に合祀されることが分かっているのであれば、最初から共同墓に入る方が合理的と考える人、子孫に迷惑をかけたくない人、ひとりぼっちでは寂しいので、他の人たちと一緒に埋葬してもらいたい人など、自ら生前に共同墓を選択するという人が増えてきました。こうした人たちのために、これまでの共同墓とは異なる、明るいイメージの合葬型の共同墓地が求められたとき、都市型の樹木葬墓地が適当な形態であったと言えます。

このように、都市型樹木葬墓地は、人々に好まれた外見上の形態というよりは、人々に求められた管理の方法に対応した墓地形態と言えます。

地方でも広がる都市型樹木葬——北斗霊園と釧路陵墓公苑

私が住む北海道においても、こうした樹木葬の変遷を見ることができる場所があります。北海道内で早くから樹木葬墓地がつくられたのは釧路市です。道内の他の地域に先駆けて、二カ所の樹木葬墓地が二〇〇五年にオープンしました。この二カ所それぞれの霊園で、二〇一五年に共同墓としての都市型樹木葬を新たに開始するというニュースが耳に入り、ついに道東まで足を運ぶ決心をしました。同じ道内なので、いつでも行けるだろうと思いながら、逆にこれまで訪れる機会をなかなかつくれなかったのです。

釧路駅から、北側に広がる釧路湿原。その西側の高台にあるのが北斗霊園、東側にあるのが釧路陵墓公苑です。北斗霊園を経営するのは、公益財団法人ですが、実際には釧路市が公営墓地を移転させる際に、市内に墓地用地を確保するのが難しく、お隣の鶴居村との広域で墓地整備を行うために設立された法人です。そのため、民間の事業型墓地というよりは、公営の公園墓地に近い雰囲気があります。釧路市の担当課と、墓地にある財団法人の事務所を訪れインタビューを行いました。一方の釧路陵墓公苑は、宗教法人が経営する大規模な霊園になります。

北斗霊園訪問の翌日にインタビューと見学をお願いしました。

北斗霊園の樹木葬墓地は、できた当初は家族墓の墓石が苗木に変わった樹林型タイプのものでした。そのため、区画の隅には、統一された「○○家」と家族の名字が書かれた墓標がわりのくいが並んでいて、区画内に苗木が植えられるようになっています。その意味では、既存の墓地とあまり変わらない利用のされ方がなされていたのです。

釧路陵墓公苑の墓地も似ていて、墓地の一区画が樹木葬エリアになっています。契約した三〜四平米の区画内にはおのおのが自由に苗木を植えることができます。初期の他の樹木葬墓地との違いは、苗木の管理を墓地側が行わない点です。枯れた際の補植や、区画内の草刈りなども各自に任されます。この意味で、本当に一般的な墓地区画と同じで、ただ石が木に変わっただけなのです。

しかし、二カ所の樹木葬墓地では、いずれも大きく成長した樹木は見られません。お話をうかがうと、エゾシカに苗木を食べられたり、積雪の被害にあったりでなかなか苗木が成長しないからだそうです。釧路陵墓公苑に至っては、途中から小型の墓石セットも販売するようにしたところ、今では樹木葬墓地区画のほとんどに墓石が並ぶようになってしまった点は、大変面白い結果です。やはり、樹木の管理を遺族に任せるのには限界があり、手入れのいらない墓石に戻っていってしまったのです。このお話を聞くと、なぜ墓石を立てるお墓が日本でこれほどまで普及したのかに改めて納得がいきました。

さて、いずれの霊園でも、次第に承継者や墓地の管理者が必要ない、共同墓のニーズが高まりはじめ、その要望に応える形で永代供養・管理型の新たな樹木葬墓地が整備されました。大変興味深いことに、その姿を見てそれぞれがお手本とした樹木葬墓地が瞬時にわかる形態となっていました。北斗霊園の「湿原の丘」は、東京都の樹木墓地、釧路陵墓公苑の「天樹葬」の方は横浜市のメモリアルグリーンがモデルとなっています。しかし、どちらも担当の方が熱心で、北海道にあった形でさまざまな応用がなされていました。例えば、植える樹木や植物の種

家族墓の名残を残す、北斗霊園の初期の樹木葬墓地

新たに整備された東京都をモデルとした、北斗霊園の合葬式共同墓

樹木から墓石に戻った、釧路陵墓公苑の樹木葬墓地

新たに整備された横浜市をモデルとした、釧路陵墓公苑の合葬式共同墓

類を気候に合ったものに変えたり、埋葬密度に余裕を持たせて埋葬箇所をよりわかりやすくしたり、埋葬にも立ち会えるようにしたりするなどの改善が見られたのです。

このように、同じ霊園内で、整備される樹木葬墓地の形態が変化していった様子は、社会のニーズに応える樹木葬墓地のあり方を考える上で大変わかりやすい事例です。また、自然の管理には地域固有の気候や風土が影響した問題が生じることもわかります。こうした、地域性が見られるにも関わらず、首都圏の樹木葬墓地がモデルとして普及している様子も、現在の日本の樹木葬墓地のあり方を考える上で議論すべきテーマです。

高まる公営墓地の人気とその現状

私は最近、終活セミナーなどで講演をお願いされる機会が増えてきました。当然のことですが、参加者の多くは自分たちのお墓について考えている人たちです。参加者の方から寄せられる質問から、利用者目線の本音を直接聞くことができます。

参加者の多くは、個人的な視点から実際の埋葬の仕方や料金、管理方法などの具体的な仕組みとお墓の選び方について関心をお持ちです。しかし、その一方で、自分が選んだお墓が本当に維持され、契約が守られるのかについて心配される方も少なくありません。つまり、将来的にその墓地や霊園自体が誰によって経営・運営され維持されていくのかという点です。

たしかに、近年は宗教離れがすすみ、お寺の存続が危ぶまれています。永代供養をうたいながら、管理するお寺自体が続かなかったらいったいお墓はどうなってしまうのだろうという心配を持つ方が増えるのは当然かもしれません。逆に、お寺の方としても、檀家が減少していく中で、お寺の経営改善のために、宗教不問の新たな墓地事業に乗り出さざるを得ない事情もあるようです。

メディアを賑わす新たなお墓ビジネスですが、実際には首都圏を中心とする大都市に集中しています。地方のほとんどでは、墓地の選択肢がまだまだ限られている現実があります。ましてや、地方部で過疎化が進行していく中では、当然のことながらお墓はむしろ「墓じまい」に向かっていくわけで、新たなお墓の選択肢を望むのは難しい状況です。そんな中では、どうしても、行政の公営墓地に期待せざるを得ません。

しかしながら、公営墓地の現状もあまり芳しくありません。平成二四年より、墓地、埋葬等に関する権限のほとんどが市町村に移されましたが、地域の実情に合わせた墓地埋葬行政は、いまだに過渡期にあると言えます。私は、地方部における公営墓地の整備状況を把握するという目的で、二〇一七年に北海道内一七九の自治体に対してアンケート調査を行いました。一四九の自治体から回答を得たデータによると、一四九自治体のうち一四四の自治体で公営墓地が整備されており、そのうち九カ所では合わせて公営の納骨堂も整備されていました。また、一三二の自治体ではいまだ遺骨の受け入れに空間的な余裕があるとのことで、北海道においては公営墓地が十分整備されている状況が分かります。しかし実際には、五一の自治体で無縁墳墓の増加が問題として認識されており、公営墓地が十分供給されていると言うよりは、過疎化の進行が無縁墳墓の増加に現れていると見ることもできます。

無縁墳墓が増加していくことの要因のひとつとしては、公営墓のほとんどに使用期限が設定されていないことが影響していると考えられます。いわゆる「永代使用権」というやつです。これらの問題に対して、既に何らかの対策を講じたり検討したりしていると回答した自治体は一七にとどまりました。

宗教離れが進み、自治体など行政による公営墓地が好まれる傾向が強まっていますが、地域によってはこれまでの歴史的経緯から、お寺を中心とする宗教法人による墓地供給が前提とされ、まだまだ社会構造の変化に対応した墓地整備ができていない状況があります。

無縁墳墓の増加とその対策として検討される合葬式共同墓

共同墓のニーズの高まりは、今後も続くと予想されます。前述の北海道一七九の自治体アンケートでは、無縁墳墓の増加など墓地の利用状況が変化する中、公営墓地を整備している一四四の自治体のうち、既に合葬式墓地を設けている自治体は二九、無縁塔（無縁墓の改葬による合祀墓）を設けている自治体は九二ありました。その中には両方を整備している七つの自治体と両者を区別せずに一体型で整備している一〇の自治体が含まれています。そして、二九の自治体で、今後、新たな公営墓地の新規造成が予定されています。その内訳を見ると、一六の自治体で従来型の墓地区画の造成、一一の自治体で合葬式墓地の整備、一カ所で納骨堂建設が予定されていました。

新聞などでしばしば報道される、自治体による樹木葬墓地の検討については、アンケートの中でそれに該当する回答は見られませんでした。実際に、新聞で報道される自治体に直接問い合わせを行っても、あくまで合葬墓の形態として、樹木葬も視野に入れて検討しているという回答がある場合が多いのです。道内では、合葬式の共同墓の新規整備自体もまだ本格化してい

全国で整備が進んでいる合葬式の共同墓

ませんが、一七の自治体で、現在合葬墓に関する住民からの要望が上げられているとの回答がありました。今後、行政の公営墓地では、既存の無縁墳墓の問題を改善する取り組みと相まって、ますます合葬式の共同墓の整備が進められていくことが予想されます。

終活コミュニティー・墓友

終活セミナーの参加者の多くは女性が占めていて、「墓友」に関する質問をいただくこともしばしばあります。「墓友」は町田市の桜葬で紹介した、NPO法人エンディングセンターの井上治代理事長がつくった言葉だそうです。共同墓の生前契約者同士が交流する、まさにお墓にともに入る友達づくりのことを指しています。

現在では、お墓そのものの形について悩むというよりも、他人と一緒に入る合葬墓を前提として、こうしたお墓にどのような人たちと一緒に入りたいか、といったお墓の入り方について考えている人がいるということに驚かされます。個人化していると思われるお墓ですが、このように、どのようなコミュニティーに自分は属したいか、というコミュニティー選びの先に、お墓があるという場合も増えてくるのかもしれません。

実際に、私が講師を依頼された終活セミナーでは、参加者の中から、「全く知らない人と一緒の共同墓よりも、ある程度思いを共有している人たちで一緒にお墓をつくりませんか」という呼びかけがあり、参加者同士で連絡先の交換を行っている場面をしばしば目にします。桜葬で紹介したように、こうした高齢女性に人気の樹木葬墓地は花で飾られたり、庭園のように整備されたりするガーデニング型で整備される傾向があります。今後は、こうした墓友のようなコミュニティーも多様化し、それぞれのコミュニティーの特徴を反映した、多様な樹木葬墓地が現れてくるかもしれません。

森林利用型——やはり持続的な森林管理は難しい

日本でもこれまでなかった、新しい樹木葬墓地の形態がいくつか見られ始めています。そのひとつが、山林の立ち木をそのまま利用する樹木葬墓地です。次の章でご紹介するように、ドイツなど海外の樹木葬墓地では一般的な形態ですが、日本ではこれまでありそうでなかった樹木葬のかたちです。

たまたまテレビで宮城県の禅興寺のニュースを目にした私は、すぐにお寺に電話し、見学をお願いしました。仙台空港から高速道路で向かうと、インターチェンジから五キロほど西に進んだところに禅興寺はありました。小さなお寺ですが、山門を潜ると、きれいに掃除された境内がとても印象的でした。本堂に案内され、梅澤住職がこれまでの経緯について説明した後、裏山にある「七ツ森樹木葬」を案内してくださいました。

禅興寺は、日本で最初の樹木葬墓地である知勝院と同じ、臨済宗妙心寺派のお寺です。お寺同士の交流があったことが二〇一五年に七ツ森樹木葬を開設するきっかけでした。二〇年程前に伐採した裏山のスギ林の跡地が、さまざまな落葉樹が生えた美しい二次林に育っていたこと

埋葬箇所に置かれた木のプレートについて説明する梅澤住職

が決め手だったそうです。

早速、お寺の裏に回り、樹木葬墓地を案内していただきました。石のお墓が並んでいる脇を通って小川にかかった小さな橋を渡るのですが、この川を渡るという行為が、まるで異世界に入っていくような印象を与えます。対岸は裏山の斜面になっていて、坂にある入り口には小さな愛くるしい石仏が置かれています。緩やかな斜面を上がる道沿いには、この小さな石仏が時折顔をのぞかせます。

すでに墓域に入っているとのことで、森そのものがお墓になっていることがよくわかりました。既存樹木が墓標として用いられるわけではありませんが、森林の中の好きな場所に埋葬され、その埋葬箇所には故人の名前を書いた木のプレートのみがおかれます。ただ、多くの人は、埋葬箇所を選ぶ際に、好きな樹種と周囲の景色や立地条件を基準に選ぶため、結果的には既存樹木が重要な意味を持つことになります。

この点で、すでに紹介した、千葉県の真光寺の樹木葬に似ています。しかし、こちらでは決まった区画が与えられるわけではないため、定義上は個別に埋葬されていると言うよりも、この森全体の中で合葬されているという表現の方が正しいかもしれません。近年は、散骨方式も始まったそうで、たしかにこの形態であれば、埋蔵するのも散骨するのもあまり変わらないのかもしれません。

さらに奥に進むと、ひらけた芝生広場に出ます。そこから三角形の形をした遂倉山（とがくらやま）が借景のように望めるのですが、この山々こそが七ツ森と呼ばれ、七ツ森樹木葬の名前の由来になっています。こうした周辺の景観も含めた空間のつくり方は、岩手県の知勝院に似ています。

お話によると、契約者が墓地を選ぶ際には、やはり花木が好まれ、特に桜に人気が集中するそうです。そのため、林内には梅澤住職によって多種多様な桜の木が既に植樹されています。今では、四季折々の花や紅葉が楽しめる、美しい樹木葬墓地となっています。

しかしながら、このことは、持続的な森の管理という点から考えると、あまり良い森づくりとは言えないかもしれません。良い雰囲気の自然空間をつくり上げることと、その自然の持続的な管理を行うことの両立がとても難しいことを梅澤住職自身も語っていました。

環境保護団体による自然再生を目的とした樹木葬墓地――森の墓苑

最後にもう一つ、逆に自然環境に重点をおいた樹木葬墓地の事例を紹介します。これまで墓地経営の主体として例のなかった、環境保護団体による墓地業界への参入という意味で興味深いのが、二〇一六年に日本生態系協会が開設した「森の墓苑」です。

知人に情報をいただき、こちらもすぐに電話をかけてインタビューをお願いしました。こちらは、日本生態系協会の事務所が東京の池袋にあり、実際の樹木葬墓地は千葉県の長南町にあります。同じ千葉県にある、真光寺と天徳寺のちょうど中間くらいの場所です。そこで、まずは事務所でお話をうかがい、後日改めて現場見学をさせていただくことにしました。

日本生態系協会は、会員からの寄付金で貴重な自然を保護したり回復したりするために土地を購入するトラスト運動を全国で展開する環境保護団体です。こうした団体が、環境保護の手段としての樹木葬墓地に着目し、墓地業界に新規参入したのはまさに画期的です。宗教団体、行政（地方自治体）以外が、墓地を目的ではなく手段として用いるというユニークな取り組みと言えます。

森の墓苑は、砂利採掘跡地の自然再生を目的に、樹木葬を通して森を回復させていくという、いわゆる樹林型の樹木葬墓地です。そのため、現在敷地には樹木は見当たらず、共同墓用のシンボルツリーと、既に契約済みの方の苗木が数本植わっている状態です。その土地のもともとの生態系を重視し、埋葬後にはその土地でとれたドングリなどの種から育てた苗木を植樹します。仕組みとしてユニークなのは、五〇年たったら、成長した埋葬区域の森には立ち入りができず、入り口の献花台からのみお参りが可能になるという点です。まさに自然の森に返していくという環境保護の視点がとても興味深い樹木葬墓地です。

トラスト運動を通じた自然再生という側面を持つため、価格も他の墓地よりも若干高めに設定されています。また、現在は砂利採掘跡に草が生えた状態の殺風景な景色が広がっているため、見学に訪れた人が将来の森の姿を想像しづらいという難点があります。団体の自然再生の理念に共感し、実際に墓地を購入できる人はかなり絞られると思われ、日本社会の一般的な墓地ニーズからは離れたところにあると言えます。

このように、日本の樹木葬墓地が都市型化していく中、自然葬にこだわった試みもいくつか見られます。ただし、魅力的な自然空間をつくっていくことと、自然環境の持続的な管理の仕組みを絶妙なバランスで両立させることは、依然として課題として残っています。

私は最近、国内で最初につくられた知勝院の樹木葬墓地を再び訪れました。新たに整備された第三墓地を案内していただきながら、ふとそこに、日本的な樹木葬の一つの到達点があるような感覚を覚えました。その土地の自然の特徴を生かしながら、池泉を巡る回遊式庭園のような体験ができる雑木林の姿に、もはやお墓を意識することはありませんでした。その背後には、日本庭園に通じる技術と自然環境の知識、そして目に見えない膨大な管理作業が必要とされるのですが。

第2章
海外の樹木葬墓地

ドイツ再訪

最初に述べたように、私が最初に森をお墓として利用するという話を聞いたのは、ドイツ留学中の森林地域でのインタビュー調査の中でした。しかし当時はそれが、いわゆる「樹木葬」を意味するものとは理解できておらず、また、現代社会における新たな自然の利用方法としての可能性と重要性も認識できていませんでした。

そんなドイツの樹木葬墓地を、調査対象として改めて訪れたのは、留学から日本に帰国して大学教員になってからです。人々の森林観や森林イメージを日本とドイツで比較研究した結果を学位論文にまとめ、無事にドイツの大学から博士の学位が授与されました。さあ、これから何の研究を行おうかという段階になって、樹木葬墓地が気になりだしたのです。

というのも、森林観や森林イメージを現代の日本人とドイツ人の間で比較していくと、情報のグローバル化や科学的知識の普及といった両国で共通の特徴が見られ、表面的には両者の文化的な違いは薄まる傾向にありました。より深くこのテーマを掘り下げるためにも、もっと文化の根本にある、宗教観や死生観と自然とのつながりを探っていく必要があると感じていたの

ドイツで最初の樹木葬墓地となったカッセルの「メルヘンの森」

です。

そんな時に、日本にも同様の樹木葬がほぼ同じ時期に誕生したことを知り、これが、面白い研究テーマになりそうだと感じました。両国共通の社会構造の変化の中で生まれてきた樹木葬には、それぞれの宗教観や死生観が反映された現代の自然とのつながりが見られると思ったのです。

しかし、この新たな研究の歩みを、どうしたことか、私は早い段階で踏み外していくことになります。後で詳しく述べますが、日本とドイツの樹木葬墓地が、決して比較可能なものではなく、むしろ日本において樹木葬墓地をきちんと普及させることの方が重要な課題であると感じ始めたからです。

偶然にも、私が留学していた、ドイツのカッセルという町は、ドイツの新たなお墓を考える上でとても重要な町でした。まず、私が調査していた郊外にあるラインハルツヴァルト（ラインハルトの森）は、ドイツで最初に樹木葬墓地が開設された森でした。そして、町にある葬送文化に関する埋葬文化博物館は、ドイツ国内でもここにしかないという珍しい博物館だったのです。それだけでなく、五年に一度の現代アートの祭典「ドクメンタ」で知られるカッセルの町ですが、この町では樹木葬墓地に先立って、森の中にアーティストたちが自分の墓石を思い思いに表現し設置するという、当時社会的議論を巻き起こしたアート企画が行われた町でもありました。そんな、樹木葬墓地の研究を行うのにはもってこいの環境に身を置きながら、留学中そのことに全く気づいていなかった私は、これまでと違った視点で五年半を過ごしたカッセルの町を再び訪れることになったのです。

ドイツで最初の樹木葬墓地の誕生

ラインハルツヴァルトにある「フリードヴァルト」は、かつてお墓とは知らずに訪れたことのある場所でした。ドイツ人が森の象徴として最も好む木はカシの木です。ドイツの1、2、

5セントコインの裏にも、その葉が描かれています。

そんなカシの巨木が並ぶ森の様子は、まさに「メルヘンの森」さながらです。曲がりくねった枝が、まるで怪物のように見えるカシの木が、森の中が見通せるほどの間隔でまばらに立っていて、その中を歩いて行ける小道が続いています。実は、このラインハルツヴァルトは、グリム童話に出てくる、「眠り姫」や「ラプンツェル」の舞台として知られ、本当に別名「メルヘンの森」と呼ばれている森なのです。実際に、ドイツ観光の主要ルートの一つである「メルヘン街道」に位置づけられ、周辺の町や村には一年中多くの観光客が訪れます。しかし、眠り姫のお城として知られる、ザバブルグ城を囲む森の一区画が、実は樹木葬墓地として使われている森だとは、ほとんどの人が気づいていません。この森でかつて研究調査をしていた私でさえも気づいていなかったのですから。

このラインハルツヴァルトとその周りを取り囲む数々の村や町は、留学中から学位論文のための社会調査だけでなく、余暇でも訪れる大好きな場所でした。自転車専用車両がある電車に自転車ごと乗車し、駅からは自転車で移動します。小さな村や町に宿泊しながら調査を行うこともありましたが、日帰りでも通える距離でした。そして、たまに留学仲間たちとハイキングを楽しんだりもしました。世界中から集まっている留学生たちが、自分のふるさとの話をしたり、家族の話をしたり、最後はお互いの国歌を披露しあって歩いたのを覚えています。そして、「日本の国歌はハイキングにはあまり合わないな」と思ったりしました。私にとっては、そんな留学の思い出が詰まった森です。

そんな場所で、ドイツでは二〇〇一年に最初の樹木葬墓地が誕生しました。「脱宗教」や、「お墓参りをピクニックに」をスローガンとするドイツの樹木葬は、その後ドイツ全土に拡大し、現在では五〇〇カ所以上、火葬人口の一割が樹木葬墓地を利用するほどの普及を見せています。日本ではあまり知られていない、ドイツの樹木葬墓地の数々について、現地の様子をご紹介していきます。

森そのものをお墓にしたドイツの樹木葬墓地

留学中にも調査に関して何度もお世話になった、ラインハルツヴァルトの元森林官のラップ氏は、実は樹木葬を開設した当時の担当者だったそうです。私が調査で訪れていた時期は、すでに森林官を引退し、自然保護区の設定や、コウノトリの保護運動などに熱心に取り組んでいたので、樹木葬墓地についてお話をうかがうことはほとんどありませんでした。

以前の調査の時は、カッセルから電車に乗り、観光地であるハン・ミュンデンで下車してから自転車で彼の自宅を訪ねていたのですが、今回の調査では、ラップ氏が電車の駅まで車で迎えに来てくれました。車で移動して樹木葬墓地を改めて見学した後、彼の自宅で奥さまも合流し、ヴェーラー川沿いにあるローカルレストランで、食事をご馳走になりました。以前、同じ店で彼に薦められてご馳走になったことがある、カツレツの中にチーズが挟んであるドイツ料理を注文し、日本での近況などについて話しながら懐かしい食事の時間となりました。その後、営林署まで送ってもらい、トイヴゼン営林署長に樹木葬墓地の現在の様子についてインタビューを行いました。

ドイツの樹木葬墓地の特徴は、繰り返しになりますが、森そのものを自然葬の墓地として利用している点です。一般的な墓地に見られるような墓石などの人工物は一切なく、森の木をそのまま墓標として用い、その根元に自然分解型の骨つぼを直接埋蔵します。木の幹にはプラスチックのネームプレートがくぎで打ち付けられ、そこに故人の名前と生年月日、没年月日が記されています。生前契約も多いため、没年月日がいまだ空欄になっているネームプレートが掛けられていることも多いです。

樹木葬墓地の入り口を示す看板

墓域の入り口には木の案内看板があり、ゲートの施錠などはされていません、誰でもいつでも立ち入りが可能です。墓域境界にも木の柵があるだけなので、周囲の森林と、樹木葬墓地として用いられている森林の一区画は空間的にも連続していて、鹿などの動物たちも自由に出入りができます。

ここでドイツの森の利用について少し補足します。そもそも、ドイツの森は、国有林などの公有林であっても、民有林であっても、誰もが中を歩くことができます。万人に森を歩く権利が認められているのです。ただし、狩猟などが行われる危険から、基本的には日の出から日の入りまでの時間、という時間的な制限だけは設けられています。樹木葬墓地の利用時間についでは、基本的には、この森のルールがそのまま適用されています。つまり、ドイツの樹木葬墓地は、誰もが利用できる森の一区画に遺骨が埋葬されているだけという言い方ができるのです。そのため、あらかじめ樹木葬墓地について知らない人がハイキングで通ったとしても、そこがお墓として使われていることに全く気付かないのです。

このように、すでに紹介した日本の樹木葬墓地とはその方向性が明らかに異なることがお分かりいただけると思います。一言で言ってしまうと、「ドイツは森をお墓にしたのに対し、日本はお墓を森っぽくした」というくらいに決定的な違いがあるのです。

ドイツの樹木葬墓地での葬儀

ドイツの樹木葬墓地では、もちろん葬儀も行われます。森でのお葬式について、私が立ち会わせてもらった例を紹介したいと思います。後に詳しく紹介する、ザクセン州のドレスデン近くにある樹木葬墓地を訪れた時のことです。

その流れはおおむね次のようでした。時間になると、遺族の方が森の入り口にある駐車場に集まってきます。私が見学させていただいたコスヴィッヒの樹木葬墓地には、葬儀担当の専用スタッフがいるため、彼女が遺族を迎えあいさつをします。一般的な樹木葬墓地では、遺族が自分たちで葬儀会社を手配して葬儀を行い、そこに森林官が立ち会います。

時間になると、みんなで森の中を歩いて、契約済みの樹木が立つ場所に移動します。その際、足の不自由な参列者がいる場合は、スタッフが電動カートで送ります。墓標となる樹木の前には既に台の上におかれた骨つぼと、シダや花などで飾り付けられた墓穴が準備されていますす。そして、その前に参列者の人数に応じた数のベンチが置かれています。皆が着席するとセレモニーが始まります。最近の樹木葬墓地は、セレモニー用の広場が整備されていることが多く、人数が多い場合は、そちらで葬儀が行われます。さらに人数が多い場合は、教会などの施設で葬儀をやってから埋葬のためだけに樹木を訪れることもあるそうです。

故人の生前の人柄などが紹介され、その後、聖書や文学、詩などの言葉が読み上げられます。そして、故人の好きだった音楽が流れ、参列者一同静かに聴き入ります。ちょうど天気の良い穏やかな秋の午後でした。静けさの中で、時折そよ風が吹き、葉ずれの音が聞こえてきます。そして、小鳥たちが絶えず森中のいたる所でさえずっています。まさに、自然の中の静けさです。誰もが立ち入れる森の一画で葬儀が行われているため、時折散歩客やジョギングする人、さらには乗馬する人たちがすぐ近くを通っていきます。人々の日常の生活空間と自然空間、

樹木葬墓地で墓標となる樹木の前で行われる葬儀の様子

誰もが自由に利用できる林道で乗馬を楽しむ人たち

そして墓地空間が重なっていることが一瞬不思議に思えましたが、本来はこれが自然なことなのではないかとすぐに気づかされました。

その後、骨つぼを墓穴の中に移します。スタッフがひもでつり上げてゆっくりと墓穴の中に骨つぼを納め、参列者が順番に一杯ずつ土をかけていきます。日本の葬儀のお焼香のような感じです。一人一人、器に入った土を小さなスコップでかけながら、何か語りかけたり、祈りの言葉を唱えたりします。全員が終わると喪主のあいさつです。その後、再び音楽と最後に黙とうです。その様子に特別に変わったところは見当たらず、日本の葬儀との大きな違いがあるとは思いませんでした。葬儀が終わって参列者たちがいなくなると、係の人が墓穴に土を入れて埋め、埋葬跡が残らないように地面をならします。自然空間をそのまま生かした自然葬の葬儀は、実に質素であり低コストで行われますが、家族にとっての弔いの時間は実に豊かなものであるという印象を受けました。

こうしたドイツの樹木葬墓地での葬儀を目にすると、最後の別れに必要なモノとは一体なんなのかについて考えさせられます。森の中で行われる葬儀は、人間の死というものが本当に自然の一部であるということを受け入れさせてくれる、不思議な雰囲気を持っているように感じました。

埋葬箇所の上を歩くのは嫌？

ドイツと日本の樹木葬墓地を比較して、最も大きな文化的違いのひとつであると私が感じるのは、埋葬箇所の上を人が歩くという点です。日本では、埋葬箇所を他人に踏まれることに抵抗がある人が圧倒的に多いのに対して、ドイツでは自然葬として割り切っている人の方が多いのです。ドイツの樹木葬墓地でも、埋葬直後には、花が飾られたりしているので、どこに遺骨が埋葬されているのかが分かりますが、一週間もすれば普通の森林と地面の見た目が変わらなくなってしまいます。そのため、墓参に訪れる人は、知らず知らずのうちに他人の埋葬箇所の上を歩くことになるのです。

一方日本では、埋葬箇所を踏まれないようにするために、石のプレートを置いたり、埋葬場所と参拝場所を空間的に分けて、埋葬場所に人が立ち入れないようにしたりといった空間的な工夫が行われます。また、密集して埋葬する都市型樹木葬では、埋葬に遺族が立ち合えないルールにしたりして、利用と管理の時間を分けることで、管理者が埋葬場所を踏んでいる様子を利用者に見せないといった工夫が行われる場合もあります。

ドイツの樹木葬墓地では、森の中を歩いていても、樹木にかかっているネームプレート以外では、一見してどこに遺骨が埋まっているかが分かりません。しかし、実際には埋葬箇所は全て地図上に記録され、コンピューター管理されています。森林管理の技術が応用されているため、墓域内の全ての樹木は、樹種や年齢がすべて地図上に記録されているのです。

さらに、どの木のどの方向に誰が埋まっているかが全てデータ化されて管理されています。見学に訪れる人には、森林官が案内してくれ、タブレット型コンピューターで樹木の契約状況を確認しながら現地で樹木を選ぶお手伝いをしてくれるわけです。

銀行家が始めた樹木葬運営会社フリードヴァルト

日本でよく質問されるのが、ドイツの樹木葬は一人一本の木に埋葬されるのかという点です。また、契約期間はどのくらいなのか。火葬のみに対応しているのか、などなどさまざまな質問が寄せられます。

こうした樹木葬墓地の仕組みについて詳しく知るにため、私はヘッセン州の最北端にあるカッセルのラインハルツヴァルトからメルヘン街道を南下して、ダルムシュタットという町を訪ねました。というのも、ドイツの樹木葬墓地では現地の森林官が森林管理や現地見学の対応、埋葬の立ち会いなどを担当するのに対して、樹木葬全体の仕組みや顧客管理、サービス業務といったものは全て別の場所にある運営会社本部が担当しているからです。このあたりの運営の仕組みは後ほど詳しく説明します。

私が訪ねたのは、フリードヴァルト本社です。ダルムシュタットの駅からバスに乗り、郊外にある森林墓地（ヴァルトフリードホフ）近くの停留所で下車しました。ヴァルトフリードホフとフリードヴァルトの違いもわかっていなかった当時の私は、その場でヴァルトフリードホフの看板を見てとても混乱しました。後ほど説明しますが、森林墓地（ヴァルトフリードホフ）はドイツにもともとある、森林の中につくられた郊外墓地の一般名詞であるのに対し、フリードヴァルトというのは、ドイツで最初の樹木葬墓地を始めた民間の運営会社の名前だったのです。

つまり、カッセルのラインハルツヴァルトにあるフリードヴァルトというのも、この運営会社の名前がつけられた樹木葬墓地だったのです。ちなみに、このフリードヴァルトという名前は実に巧みな造語で、直訳すると「やすらぎの森」となりますが、実際にはドイツ語の墓地「フリードホフ」の一部、「ホフ」（舎）を「ヴァルト」（森）に換えたかたちになっています。分かりやすく言うと、「墓地」に対して「墓森」のような造語をつくって会社の名前およびその会社が運

フリードヴァルト本社にあるコールセンター

営する樹木葬墓地の名前にしていることになります。

さて、間違えて森林墓地（ヴァルトフリードホフ）に迷い込みながらも、最終的には、さらに幹線道路を先に進んだところにあるフリードヴァルト本社にたどり着くことができました。小さな入り口の呼び鈴を鳴らすと、広報担当の女性、ブロート氏が出迎えてくれました。そこで、じっくりと、このドイツで生まれた樹木葬墓地の仕組みについてお話をうかがうことができました。

ドイツで最初の樹木葬墓地運営会社であるフリードヴァルトは、有限会社であることからも分かるように、民間企業です。実はドイツでも、民間企業がお墓を経営することはできません。

日本と同様、お墓の経営ができるのは、地方自治体、宗教団体、そして公益法人に限られます。では、どうして民間企業が新たな墓地を開設できたかというと、実際には墓地の経営主体は国有林やその他公有林を所有している行政であって、この民間企業は、そこから土地を借り受け、管理委託を受けるようなかたちで墓地運営を行っているからなのです。日本で、桜葬を行っているNPO法人エンディングセンターと似た方式と言ってよいかもしれません。

ですので、この民間企業は、全国にある公有林の中から、墓地に適した森林に対して樹木葬としての利用を提案し、行政と契約を結んだ上で樹木葬墓地を開設していくという方法で全国展開を行いました。その際の、樹木葬墓地に適した森林の基準とは、三〇ヘクタール以上の広葉樹を主体とした混交林で、都市からのアクセスがよく交通インフラが整備されている場所であることが条件です。具体的な樹木葬墓地の設置では、水源保安林を避け、斜面が緩やかで岩が少なく林内を歩きやすいといった現場の状況から判断されます。

こうして、ドイツでは、どこでもほぼ同じような形態とサービスの樹木葬墓地が全国に見られるようになったのです。日本の樹木葬墓地が、多様化を極め、場所によって全く異なる形態やサービスであるのとは大違いです。

ドイツで統一的な樹木葬墓地のかたち

ドイツの樹木葬で選べる墓標がわりの樹木には、たいてい三種類のメニューがあります。個人または夫婦用の樹木、家族または友人用の樹木、共同墓の樹木です。後者二つは、木の根元から二メートルほど離れた周囲に一〇カ所ずつ埋葬が可能で、共同墓の場合はそのうちのどこか一カ所に埋葬されます。実際には樹木のサイズ、樹齢によって価格は異なります。

当然ですが、樹齢が高く、サイズが大きい樹木ほど価格は高くなります。逆に若くて細い木は安いといった具合です。やはり、巨木の方が人気があるようで、購入希望者に樹木の案内をする森林官は、できるだけ若い木の方を勧めるようにしているという話もありました。たしかにあまり高齢の樹木だと、途中で枯れてしまうリスクも高くなります。しかし、最初から枯れた木を購入する方もいらっしゃるそうです。

火葬され粉砕された遺骨のみに対応していて、骨つぼは自然分解型のものが用いられます。埋葬された樹木の幹にプラスチックのネームプレートがかけられます。生前予約で購入されるので、生年月日のみ記入されたネームプレートがあらかじめ下げられている樹木が見られます。

一般的に契約期間は九九年に設定されています。森林の時間的なスケールを考えると、できるだけ長い期間に設定する必要がありましたが、ドイツの借地契約の最大年数が九九年ということで、樹木葬墓地の契約期間は九九年というのが一般的になりました。

こうした様式の樹木葬墓地が全国に普及する過程で、他の競合会社も現れてきますが、基本的にはフリードヴァルトの方式がモデルになっているので、ほとんどの樹木葬墓地でサービス内容は類似しています。

キリスト教との和解により既存の葬送文化と融合

すでにドイツ全土に普及している樹木葬墓地ですが、当初は猛烈な反対運動もあったそうです。その反対勢力の代表がキリスト教会や既存の墓地や霊園の関係者です。ドイツの国教であるキリスト教が、既存の葬送文化が破壊されるとして反対運動を行ったのです。

ただ、既存の墓地が樹木葬に対して反対運動を行っても、社会のニーズに応えた樹木葬墓地の全国拡大を止めることはできませんでした。反対運動の一方で、樹木葬墓地誘致のための市民運動も多く行われていました。私たちの地域にも樹木葬墓地を実現させてほしいという市民の要望が行政などに寄せられることが多かったのです。後に説明しますが、樹木葬墓地の普及は、全ての州の法律改正にも影響を与えていくことになります。

このように、樹木葬墓地の一定の普及が見られると、これまで樹木葬墓地を既存の葬送文化を壊すものと抗議していたキリスト教会や既存墓地にも異なる動きが見られるようになります。社会の樹木葬への動きは止められないと判断したのでしょう。各地の墓地に、樹木葬を取り入れていくという方針変更が見られるようになります。こうして、ついには二〇〇七年に教会につくられたフリードヴァルトが誕生するのです。

最初の教会による樹木葬墓地はバイエルン州のシュヴァンベルク女性修道院で始まりました。ドイツの森林所有区分は公有林、民有林と教会有林に分けられるのですが、このことからも分かるように、多くの教会は森林を所有しています。フリードヴァルトの出現がドイツの葬送文化に与えた衝撃に対する柔軟な対応として、こうした教会有林の資産運用を兼ねて、プロテスタント教会が樹木葬墓地に着手したのです。

私は、フリードヴァルト本社に仲介してもらい、早速シュヴァンベルク女性修道院を訪ねることにしました。小さな町が点在する平たんな農業地域に、唯一目立つ丘があり、ぶどう畑に囲まれた森になっています。この上に、かつてのお城跡が修道院と公園として使われている

森の中で葬儀が行える広場と祭壇について説明するシスター

シュヴァンベルクがあります。女性修道院ということで、当然かもしれませんが、事前連絡も全てシスターが対応してくれました。あらかじめ訪問先に指定されたのは、修道院の横にある元森林管理事務所で、現在は訪問者が宿泊できる施設になっている建物でした。

部屋に入ると、壁には修道服が一列に並んで掛かっていて、とてもおごそかな雰囲気です。すごいところにきてしまったとドキドキしながら待っていると、全身アウトドアウエアに身を包んだ、白髪のシスターが現れました。樹木葬墓地の森はすぐ隣とのことで、玄関前に止まっていたゴルフカートに乗り込み出発です。思っていた展開とあまりにも違って拍子抜けしてしまいました。

やはり、樹木葬墓地の様子は、他の地域とほとんど変わりません。カシやブナなど、さまざまな樹種が混ざった混交林です。ただ、入り口に大きな木製の十字架が立っていました。そして、森の中には葬儀が行える広場と祭壇が整備されています。それまでのフリードヴァルトは、脱宗教を理念としていて、あらゆる宗教色を排除したものであったのに対し、こちらでは、宗教との融合が図られたあらゆる試みを見ることができました。古くからの遺跡が幾重にも積重なった歴史的な場所だけに、文化財や自然保護区域などを避けた樹木葬墓地の区域設定が行われています。こちらの樹木葬墓地の特徴は、一般的には森林官が行う草刈りなどの管理作業を基本的にはシスターたちが担っている点です。

修道院に戻ると、故人の思い出を保管した記録や、森まで足を運ばなくてもお祈りができるチャペルなどを案内していただきました。森林管理に加え、こうした利用者への対応も、他のフリードヴァルトとは異なり、森林官ではなくシスターたちが行っているのです。明らかに、自然を前面に押し出した樹木葬墓地とは異なります。フリードヴァルトが教会に進出したというよりは、既存の教会の墓地が森と一体化することで進化したという印象を受ける、樹木葬墓地の新たな展開を見ることができました。

ドイツの宗教観と自然観

私自身は、樹木葬のもつ生命の循環の思想、もっと言ってしまうと輪廻転生のような考え方は、東洋的な思想であって、キリスト教の思想とは相いれないのではないかと思っていました。本来キリスト教では、復活のための肉体を保存するという意味から土葬が主に行われてきました。自然に還るという考え方とはまったく異なると言えます。

しかしながら、実際にはキリスト教も、普及の過程でアニミズム的な土着宗教と融合していった歴史を持っていて、特に森林や巨木への畏敬の念を抱く文化的な名残は随所に見られます。クリスマスにモミの木を飾ってクリスマスツリーにしたり、ヤドリギを使ったオーナメントを飾ったりといった習慣は、キリスト教以前のケルト文化に由来していると言われています。草木が枯れてしまう冬の季節、青々とした葉をつけている常緑樹に生命が集まっているといった考え方です。そもそも、クリスマスを始めとするキリスト教の宗教行事は、もともとその土地にあった農耕のお祭りと融合して根づいたというのもよく知られた話です。

こうした文化的背景とは別の次元で、宗教が薄れていくドイツ社会において、樹木葬墓地を選択しながらも従来型の宗教的な葬儀を行いたい人々はたくさんいます。そして逆に、キリスト教会としては、人々の宗教離れになんとか歯止めをかけたいという思いがあります。その間の妥協点として、大衆化された樹木葬墓地の姿があるのは間違いありません。

このように、それまで脱宗教で進められてきた樹木葬がキリスト教と連携することで、樹木葬は新たな展開を見せるようになります。キリスト教をベースとする既存の葬送文化と樹木葬との融合が進み、樹木葬の大衆化と普及がさらに一段と進んだのです。まず、キリスト教会が樹木葬を取り入れることで進んだのは、遺族に対するグリーフケアなどのサービスです。これまで、樹木葬は亡くなった方の自然回帰をお手伝いするという態度で、遺族に対するケアはあまり手厚くありませんでした。脱宗教を強調していたため、埋葬の儀式も遺族に委ねるかたちで行われていました。そこに、これまで教会が担ってきた、より遺族に寄り添ったかたちでの埋葬やその後のケアが樹木葬墓地と結びついて展開するようになったのです。

樹木葬墓地の空間や葬儀にも変化がありました。これまで墓域から排除されてきた十字架などの宗教的シンボルが積極的に樹木葬墓地の中に取り込まれ、一般的な葬式や埋葬のためのセレモニーを行う広場が整備されるようになりました。そして、それらの儀式を行うために宗教者が呼ばれ、一般的な葬送の儀式を森の中で執り行うことが可能になりました。これによって、宗教色の全くない「お別れの会」のようなセレモニーよりも、厳粛な雰囲気の森の中の葬儀というのが樹木葬墓地の中で広く行われるようになりました。

シュヴァンベルクの樹木葬墓地では、意外にも、樹木葬墓地は宗教不問で、宗派や洗礼の有無、信仰の有無とは関係なく、誰もが利用できることになっています。こうした樹木葬とキリスト教の融合がきっかけとなり、樹木葬墓地は一部の無宗教者や自然愛好家たちだけに好まれる特殊な墓地ではなく、万人にとっての墓地選択の際の選択肢へと変化していったのです。

ドイツの葬送文化の変化

かつて私が住んでいたカッセルには、偶然にもドイツで唯一の埋葬文化博物館というものがあります。一九九二年に開設された博物館で、ドイツ全土の埋葬文化に関する展示が行われています。具体的には、棺おけや霊きゅう車、死装束、墓石や追悼に関する装飾品、儀礼についての映像などがめじろ押し。故人の髪の毛を編んだり、頭蓋骨を加工したりした装飾品などはかなり不気味で、当時はあまり楽しい印象がなかった博物館です。グリム兄弟博物館や壁紙博物館の近くにあるため、観光や語学学校の社会見学プログラムなどではおきまりのコースになっていて何度か訪れたことがありました。そんなちょっと変わった博物館ですが、樹木葬墓地の調査にあたり、思い切ってインタビューの申し込みを行いました。

私が訪れた埋葬文化博物館のバックヤードに当たる事務所は、とても現代的なオフィスで、インタビュー調査に協力いただいたエプラー事務局長も、とても快活な五〇歳前後の男性でした。博物館の中の印象とはかけ離れていて驚かされました。彼としては、遠く日本から突然やって来た若者がドイツの葬送文化の現在についてあれこれと質問することを面白がってくれたようで、その後も定期的に意見交換をさせていただくようになりました。私は、日本の状況を紹介した上で、彼が普段は意識もしないことを質問するため、こうした日独の違いが何に由来するのか、度々議論が長引きました。

その中で、ドイツでこれほど樹木葬が拡大した理由についても次第に理解できるようになりました。宗教離れが進むドイツにおいて、墓地をめぐる宗教的慣習から人々を解放することが樹木葬の主要な目的とされました。このことが、樹木葬が人々に受け入れられた最大の理由であるとエプラー氏は言います。まさに、日本で言うところの「墓守」に近い、跡継ぎによるお墓の管理の問題です。

ドイツの慣習では、お嫁さんが常にお墓をきれいに掃除して花で飾らないと一家の恥であるという考え方がありました。そもそも、さまざまな事情でふるさとを離れ、よその町に住んでいる子供たちにとっては、親のお墓を管理することは容易ではありません。そのため、墓地のガーデナーたちが活躍します。お墓の管理を請け負い、こうした遺族に代わって墓地をいつもきれいに掃除して花壇を整備するのです。

こうした慣習に疑問をもつ人々にとっては、管理不要の自然葬は大変魅力的なものとして歓迎されました。森林そのものを利用したドイツの樹木葬墓地では、墓地をきれいに掃除したり花を植えたりすることなく、むしろ自然のままにすることこそが自然だからです。つまり、自然に任せることが肯定される樹木葬墓地であれば、これまでの既存の墓地のような、常に管理し続けなければという負担感や、管理していないことの罪悪感から解放されるのです。

このように、自然回帰やお墓参りをピクニックにするといった、自然志向へ共感はもちろんありながらも、現実的には、こうした社会構造の変化と社会問題の解決が、樹木葬墓地拡大の推進力になったことが分かります。

こうして、多くの人が樹木葬墓地に関心を持ち、既存の墓地ではなく森林に埋葬されることを選ぶようになると、既存の墓地の管理者たちは危機感を抱かざるを得ません。既に述べたように、最初にキリスト教会が、この新たな埋葬方法と墓地のあり方に対して反対しました。それとは別に、既存の墓地関係者たちは墓地利用者の減少を恐れ、また管理請負を生業としていたガーデナーたちは、自分たちの職が失われることへの恐れから反対運動を行いました。

樹木葬墓地が既存の墓地に与えた影響

既存の墓地にも、樹木葬墓地の拡大は影響をもたらしました。埋葬される場所として森林を選ぶ人が増え、町の中にある既存の墓地・霊園から利用者が減っていく中で、墓地の魅力化事業がさまざまな地域で進められるようになったのです。

樹木葬を取り入れた動きとしては、既存墓地の中に樹木葬が可能な区画が設けられたり、墓地の中にある既存の樹木の根元に遺骨を埋葬することを可能にしたりといったものがあります。また、日本でもおなじみの合葬式墓共同墓としての都市型樹木葬も近年見られるようになってきました。つまり、ドイツでも日本と同様の「樹木葬墓地の都市化」の動きというのが見られるのです。

カッセル中央墓地では、近くのラインハルツヴァルトに第一号のフリードヴァルトができたこともあり、早い時期から樹木葬を墓地内に取り入れる動きが見られました。「フリードバーク」と名付けられた区画には、契約者が墓石の代わりに好きな低木を自由に植えられる場所が設けられています。日本の天徳寺で紹介した形に似ています。しつこいようですが、墓地（フリードホフ）、樹木葬墓地として運営会社によって名付けられた「墓森」（フリードヴァルト）とも違って、フリードバークは「墓園」といった意味の造語になるでしょうか。

墓地の園路を歩いていると、道沿いの樹木の根元に石のプレートが埋まっている場所がいくつもあります。これは、墓地敷地内に立っている樹木をそのままお墓として用いたもので、森林で行われている樹木葬の形態を既存墓地に導入したかたちと言うことができるでしょう。しかし、どちらかと言うと、日本の初期の桜葬を思い起こさせます。

こうした既存墓地の変化は、何も樹木葬のみを意識した結果ではありません。ドイツの墓地・霊園が抱えている課題は、日本やアジアで見られるような墓地不足とは逆の、墓地過剰なのです。

ドイツでも日本と同じように社会構造が変化し、少子高齢化のあとに多死社会が来るという人口推移が示されているにもかかわらず、墓地の抱える課題が全く異なるのはなぜでしょうか。その理由のひとつが、火葬率の上昇です。すでに述べたように、ドイツの火葬率は年々上昇し、現在では五〇パーセントを超えています。土葬と火葬の違いは誰にでも分かりますが、その後

既存墓地の中に設けられた、自由に苗木を植えられる樹木葬エリア

の埋葬に必要な面積が大きく異なるという点は、たしかに言われてみれば納得です。土葬が減って火葬が増えると、同じ人数の人が埋葬されたとしても、墓地の中で必要な面積は減少してしまいます。

ドイツでは、そもそも最初から個人や夫婦のお墓が多いので、日本のように家族墓から個人墓への変化による墓地需要の増加といった問題はありません。しかし、日本同様に、ふるさとを離れる人が多くなり、親族の墓を管理できない人が増えてくると、管理者不明の墓地、いわゆる無縁墳墓が増えてきて、契約切れの改葬によって墓地がすかすかになっていくという状況が問題視されています。たしかに、人が訪れなくなった墓地はどんどん不気味になっていくか

墓地を公園のような魅力的な空間にするための再整備工事

もしれません。

カッセルの埋葬文化博物館を訪れた際、ちょうど墓地計画をテーマに学位論文を書いている学生を紹介されました。カッセル大学で、私と同じランドスケープ計画学科、しかも私の副指導教員だったブルンズ教授に指導を受けているということでした。早速大学を訪ね、かつての恩師にあいさつするとともに、その博士の学生の話を聞きに行きました。

墓地のテーマで博士論文を書いているフェネ氏は、自身が造園家として墓地のリフォームなどを手がけている、私よりも年上の社会人学生でした。ドイツの博士過程は、社会人学生がほとんどで、私の留学当時も周りは社会人ばかりで、私はダントツの最年少でした。フェネ氏の話によると、ドイツでも多死社会に向けて顧客獲得の競争が墓地間で激化する一方、人口減少で将来的に墓地の空き地化が進むと話していました。

こうした状況の中、ドイツの墓地で進められている対策が、墓地の魅力向上を目的とした墓地空間の再整備だそうです。実際、ドイツの墓地では、公園の再整備のような工事が至る所で行われているとのことで、そのまま彼と共に大学校舎から歩いて五分ほどの場所にあるカッセル中央墓地を歩くことにしました。

たしかに、これまで格子状に並んでいた墓地区画が、曲線の道路沿いに余裕を持って配置されたり、区画にテーマを設定して植栽が工夫されたりといった整備が見られます。こうした再整備には、管理者のいなくなった、かつての立派な墓石や石の彫刻などが再利用されることが多く、新たな通路の縁石も、切られた墓石が再利用されたりしています。

フェネ氏によると、今後は墓域内の土地利用を計画的に行う必要があると共に、墓地をさらに公園のように市民に開かれた空間として整備していく必要があるとのことです。墓石や記念碑、巨樹巨木の文化財としての価値や、市民の憩いの場や暮らしのアメニティーとしての価値を都市空間や地域環境の視点から再評価していくことの必要性を主張していました。さらには、遺族や市民との関係強化や連携構築によって、環境整備へのボランティア参加や空き地の貸し出しによる有効活用などについても提言しているそうです。

共同墓の普及

日本では、合葬墓としての共同墓が全国的に増加していますが、ドイツでもやはり類似した傾向が見られます。もともと有期限のお墓が基本であるドイツでは、無縁塔という施設をお目にかかることはありません。有期限契約のため、管理者不在を理由に改葬によって遺骨が集められ、合祀されるということがないからです。ドイツでは、最初に、個人の一般墓か、共同墓か、無名墓地かを選ぶことになります。共同墓というのは、同じ区画の中に埋葬され、墓標を共有するものを指します。それに対して、無名墓地というのは、遺骨が合祀され、墓標に名前が記されないものを言います。日本の合葬型共同墓の多くは、どちらかというと無名墓地に性格が似ていると言えるかもしれません。参拝に訪れた人が、墓標に故人の名前を見つけることができないからです。

墓地埋葬文化博物館のエプラー氏によると、近年ドイツで注目されているのは、どちらかと言うと遺骨を個別に埋葬し、墓標を共有する共同墓の方だそうです。社会構造が変化する中、遺族による墓地の管理が課題となっているのはドイツでも同様であることはすでに説明しました。その解決策として、ガーデナーへの墓地管理の委託という方法以外の選択肢は、最初から管理不要の墓地を選ぶという方法になります。最も極端な例が、自然葬である樹木葬ですが、既存の一般的墓地との中間に共同墓があると言えます。

近年の価値観の変化に伴い、これまではあまり良いイメージが持たれていなかった共同墓ですが、最近は積極的に共同墓が選ばれるようになってきているそうです。こうして、共同墓の人気が高まるにつれ、そのデザインにも大きな変化が見られるようになりました。ドイツの墓地再整備の動きの中で、これまで墓地・霊園の片隅にひっそりとたたずんでいた共同墓ですが、現在では空き区画が増えた墓地の中心部に、豪華なしつらえの共同墓がつくられるようになったのです。

「『最近話題の天使の共同墓』と言えばすぐに分かるから、ぜひ見学してくるように」とエプラー氏には言われていましたが、墓地内を散歩している人に聞いても誰も知りませんでした。掃除をしている業者の方に質問して、やっとたどり着くことができました。たしかに、黒い石造りの大きな共同墓に、真っ白な大理石の天使が乗ったお墓でした。天使の像は、再利用されているようで、歴史を感じさせる格調高いものです。共同墓の周りには、きれいに刈り込まれ

近年の人気上昇に伴い新しく整備された共同墓

た生け垣もデザインされています。こうした共同墓の変化を例えるならば、アパートからマンションに変わったと言えるような変化です。
共同墓の多様化の流れの中で、日本と同様の、シンボルツリー型の共同墓としての樹木葬も新たに整備され始めています。これは、形態としては森林の中にある樹木葬墓地の、共同埋葬用の樹木を既存墓地に持ってきたような形です。つまり、一本の樹木の周囲に複数の遺骨が埋葬され、墓標としての樹木が共有されるというかたちです。森林との違いは、樹木の周りが花壇として整備されたり、樹木のネームプレートに代わって、埋葬箇所の上に故人の名前を記したプレートがおかれたりする点です。
いずれにせよ、森の利用として始まったドイツの樹木葬墓地ですが、日本と同様の、都市型の樹木葬墓地も多様な形で展開している様子が最近確認できています。

なぜドイツでは森を使う樹木葬墓地が実現したか

ドイツの樹木葬墓地は、民間の運営会社が森林所有者から土地を借り受けて墓地の運営を行うという方式で始まりました。そのため、運営会社は全国の森林所有者にアプローチし、同質のサービスで同等の料金の、統一様式の樹木葬墓地を全国に展開することができました。このことが、ドイツの樹木葬墓地の形態やイメージを決定的に方向付けたと言えます。

ドイツの最初の樹木葬墓地は銀行家のバウダッハ氏によって開設されました。もともとはスイスで始まった樹木葬のアイデアをドイツに導入してビジネスとして確立させ、ドイツ全土に普及させたのです。現在は韓国やアメリカにもそのビジネスを展開しています。

最初のスイスの樹木葬は、ザウター氏が友人の頼みでアルプスの眺望の良い場所にその友人の遺骨を埋葬したのがはじまりで、その後自分の家族を埋葬する樹木葬墓地「フリードヴァルト」を開設しました。そんな樹木葬のアイデアを、ドイツの銀行家のバウダッハ氏が参考にし、スイスのザウター氏に相談しながら同じ「フリードヴァルト」という名前の有限会社を設立してドイツに導入したのです。

ここで重要なのは、お墓の法律がスイスとドイツでは全く異なり、日本の法律はドイツとほぼ同じという点です。スイスでは、墓地以外での埋葬も可能であるのに対し、ドイツは日本同様、墓域以外への埋葬が禁止されています。つまり、樹木葬墓地は、お墓として指定された森において実施されなければならないため、スイスのアイデアを簡単にドイツに持ち込むことはできなかったのです。

まず、バウダッハ氏は、この樹木葬を実現できる森林を全国で探さなければなりませんでした。いくつかの候補地を回りながらも、開設までこぎつけることがなかなかできませんでした。ドイツでも、墓地の経営ができる主体は自治体や宗教法人、公益法人で、実際には前者二つにほぼ限られています。キリスト教が反対する当時は、自治体が所有する公有林を活用して墓地を開設することが唯一残された道でした、しかし、実現ためには市町村長の理解と、市民すなわち議会の理解が最低限必要で、許認可の行政手続きを経る必要があります。

私自身も、日本で樹木葬墓地を実現するため、さまざまな自治体に相談したり、逆に相談されたりしていますが、こうした手続きを経て開設にいたることがどれだけ困難かは身にしみて分かります。特に、これまで国内に前例がない、新たな取り組みに対して、行政として、特に担当官個人が大きな決断を行うことはとてもハードルが高いことです。しかも、縦割り行政の中で関連する複数の課との調整を行うには、よっぽど担当官に強い思いとパワーがないと、協力してもらうのは難しいのです。バウダッハ氏が、ドイツで樹木葬墓地を実現するのに苦労したのはうなずけることです。

そうした難しい条件のすべてクリアできる場所がラインハルツヴァルトだったのです。ラインハルツヴァルトは、どこの自治体にも属さない特殊な財産区であり、住民も住んでいない国有林地帯です（厳密には「州有林」）。唯一の居住者は、森林管理を行う森林官ということになります。そのような場所で、議会を通したり、住民説明を行ったりといった手続きを経ることなく、営林署長の判断によって自治体同様の墓地の開設が可能だったのです。

当時、ヘッセン州の国有林管理者としても、林業の赤字を補填する方法に頭を悩ませていたタイミングであったため、バウダッハ氏の提案に対して前向きな検討が行われました。樹木葬は、林業経営の赤字改善のための手段として注目されたのです。そのため、後ほど説明するように、持続的な森林の管理を行いながら、その森林の地面に遺骨が埋葬されるという、森林と墓地の共存がここに結実することとなりました。

実際の開設にあたっては、ラップ氏をはじめ、現場森林官たちの声を反映し、林業と共存できる具体的な運営の仕組みのプロトタイプが整えられていったようです。すでに説明した、樹木が枯れた場合には補植を行うとか、墓域内での狩猟は禁止するなどです。いろんな人にお話をうかがうと、ラインハルツヴァルトは、王様の狩猟の森として管理されてきた歴史が長く、現在でも国際的なＶＩＰをもてなす政治的な接待が行われる有名な狩猟の森なのだそうです。樹木葬墓地開設の裏には、狩猟で繋がる政治的人脈からの強力な後押しがあったようです。

こうした、ラインハルツヴァルトの特殊な法律的な位置付けと政治的な力がさまざまに組み合わさって、ドイツで第一号の樹木葬墓地、フリードヴァルト　ラインハルツヴァルトが誕生しました。そして、これが前例となり、瞬く間にドイツ全土に広がっていき、新たな葬送の一大議論を巻き起こしていくことになるのです。

ドイツ全土に広がる樹木葬墓地

現在では、ドイツ全土に五〇〇カ所以上の樹木葬墓地が設置されています。消費者団体の調査によると、火葬した人の一割が樹木葬墓地を利用し、森の中に埋葬されているということです。ドイツの現在の火葬率は年々上昇していて、五〇パーセントを上回るぐらいですので、現在ドイツで亡くなる人の五パーセント以上は、既存の墓地ではなく森に埋葬されるという状況が、わずか一〇年で実現したことになります。

国有林で始まった樹木葬ですが、その後は各州の国有林や市長村有林にも広がり、教会有林でも樹木葬墓地が始まっています。これらの森林所有者が、運営会社に運営委託するかたちで墓地運営が行われています。ダルムシュタットのフリードヴァルト本社には巨大なコールセンターが併設されていて、ドイツ全土からの問い合わせ対応や顧客管理は全てここで行われています。そして、現地の森林官が実際のお客さんの対応や契約手続きを行うという分業体制です。

こうした仕組みよって、現場の森林では設備の初期投資などがほとんど必要ないかたちで、林業活動が停滞している森林から収益を上げることが可能になります。そのため、墓地経営が可能な自治体や宗教法人が、自ら所有する森林を樹木葬墓地として活用するため、運営会社に委託するというかたちが普及していきました。

ドイツの樹木葬墓地は、墓地経営者である森林所有者から、運営会社が土地を借り受け、墓地運営を行っていると説明しました。実は、もう一種類重要なアクターがいます。それが、森の管理者です。

日本の樹木葬墓地と最も違うもうひとつの点は、森林のプロが森林の管理を行っているという点です。これまでドイツで樹木葬墓地を見学してきて、唯一女性修道院のシュヴァンベルクを除くと、全ての場所で事前のメールのやり取りや現場での案内は全て森林官が対応してくれていました。実際、森林の現場を預かっているのは森林官なのです。

このように、「経営主体」「運営主体」「管理主体」の三者の連携が、ドイツにおける樹木葬運営の仕組みとして全国普及の鍵となったと言えそうです。

しかしながら、これらの主体の関係性も、時間の経過と樹木葬の普及とともに次第に多様化していきます。当初は「運営主体」である運営会社主導で進んでいた樹木葬ですが、次第に「管理主体」である森林官、そして、「経営主体」である自治体、さらには、自治体以外の森林所有者たちが樹木葬の運営に参入するという状況が現在のドイツの樹木葬墓地では見られます。

樹木葬運営の競合他社ルーエフォルストの出現

運営会社である有限会社フリードヴァルトの独占市場に見えた樹木葬ですが、そこから分裂し独立起業した「ルーエフォルスト」によって、より森林所有者にとってメリットの大きい、林業経営の手段としてさらなる普及を見せます。後ほど詳しく説明しますが、樹木葬墓地が林業関係者に評価され、これまで管理主体であった森林官たちが、樹木葬の運営にも積極的に関わり始めたのです。ドイツ樹木葬の普及の次の段階は、こうした公有林から民有林への普及が要因です。

これまで、ドイツ各地のフリードヴァルトを調査で訪れていましたが、ここで、競合相手であるルーエフォルストの事務所にインタビューをお願いすることにしました。当時は、この二つの運営会社の樹木葬を理解すれば、ほぼドイツ全域の樹木葬を網羅できたからです。

驚いたことに、ルーエフォルストの本社も、フリードヴァルト本社があるダルムシュタットからさほど離れていない、ヘッセン州南部にありました。オーデンヴァルトというドイツでも有名な森林地域のエルバッハという小さな町です。メルヘン街道沿いの町、ハーナウからローカル電車に乗りついでさらに南下します。エルバッハは、古い旧市街地が残る小さな町でした。その中心の市場広場に面したお城は現在博物館になっています。

そのお城の中庭を通って、お城の一部にあたる建物が、待ち合わせに指定された住所でした。何をどう考えても間違えだろうと思っていたのですが、取りあえずその中庭で待っていると、いかにも森林官という緑色の服をまとった四〇歳くらいの男性が現れました。彼が事務局長のブーデ氏でした。そして、本当にこのお城の一室が、ルーエフォルストの事務所だったのです。フリードヴァルト本社が現代的なオフィスで巨大なコールセンターを備えていたのとは大違いです。お城の中の事務所は、いかにも古き良き時代のドイツ森林官の部屋といった感じのつくりで、木材を基調とした内装や家具が特徴的でした。もちろん、鹿の角とかが飾ってあります。そんな木のぬくもりを感じる事務所で、ルーエフォルストの事業についてお話をうかがいました。

ドイツで最初に樹木葬墓地を始めたフリードヴァルトは、銀行家によって始められた新しいビジネスモデルであり、それがドイツの社会のニーズにぴったり合ったために普及したものでした。しかし、ある程度普及していくと、このアイデアと運営方法さえ分かってしまえば、誰もがまねできるビジネスであることにみんなが気づきます。特に、現場で森林を熟知している森林官たちにとっては、わざわざ高い委託費用を運営会社に払わなくても、自分たちで独自に樹木葬墓地を運営できると考えるのも無理はありません。しかも、後に詳しく紹介しますが、中央の事務局での顧客管理と現場サイドでの森林管理の間では考え方にズレが生じることもあり、課題も多く認識されていたのです。フリードヴァルトの競合相手として新たに生まれたルーエフォルストという会社は、林業コンサルタントたちがつくった会社なのでした。

ちなみに、フリードヴァルトが日本語で「安らぎの森」と直訳されるのに対して、ルーエフォルストの訳は「静寂の林」といったところでしょうか。ヴァルトが自然の森を意味するのに対して、フォルストは林業の森を意味する言葉です。森林官が「フォレスター」と呼ばれるのもこのためです。

現在、ドイツの樹木葬墓地の最大のシェアを誇っているこの二社の違いは何でしょうか。ルーエフォルストのブーデ氏に尋ねると、こんな面白い答えが返ってきます。

「マクドナルドとバーガーキングの違いだね。おんなじハンバーガーをつくっているけれど、違う会社でしょ」

当時の私は、なるほどたしかにわかりやすいと納得してしまいましたが、実際にはいくつか重要な違いがあります。ひとつは、フリードヴァルトは借地型で、ルーエフォルストはフランチャイズ型であるという違いです。フリードヴァルトは、森林所有者から森林の土地を借り受け、そこの運営を中央オフィスで一手に引き受けます。森林所有者は、土地を提供するだけで、フリードヴァルトから一定の利益を得ることができるという仕組みです。それに対して、ルーエフォルストは、各森林所有者にノウハウやシステム、ブランドを提供しますが、実際に運営を行うのは森林所有者または現場で管理を行う森林官自身です。当然、顧客対応を全て自分たちでやらなければならないので、業務量は多い分、運営会社に支払う料金は、フリードヴァルトよりもずっと少なくて済みます。実際、フリードヴァルトでは、収益の約六割を運営会社に支払わなければならないのです。ルーエフォルストでは、提供されるサービスやアプリケーションの内容によって、本部に支払う料金は異なります。

このような違いがあるため、フリードヴァルトとルーエフォルストでは、顧客となる森林所有者にも違いが出てきます。職員が少なく、新たな事業に投資が難しい森林所有者は前者を、より多くの利益を追求するために、多くの人員を新規事業に投入できる森林所有者は後者を選ぶといった違いです。

このように、それぞれにメリット・デメリットがあり、森林所有者たちは自分たちの求める条件に応じて樹木葬墓地の運営方法を選択するようになりました。そうなると、自ずと自治体の公有林はフリードヴァルトと契約し、民間企業やかつての貴族が所有している民有林は、ルーエフォルストと契約して樹木葬墓地を始めるという傾向が見られるようになります。そして、近年はルーエフォルストのほうが伸びているのです。ちなみに、ルーエフォルストとして樹木葬墓地を開設するには、適切な森林経営を示す、国際的な森林認証（FSCまたはPEFC）を受けなければなりません。この時点で、いい加減な森林企業は参加できないような基準が設けられているのです。
このように、フリードヴァルトが埋葬ビジネスとして始めた樹木葬は、ルーエフォルストの出現によって、林業ビジネスの手段として確立されるようになったのです。この点は、林業衰退が問題化している日本にとっては示唆に富んだ事例と見なせるのではないでしょうか。

名物森林官の反乱——林業家のものになった樹木葬

ルーエフォルストがこのように発展する最初のきっかけをつくったのは、ラインランド・プファルツ州の名物森林官ヴォールレーベン氏でした。彼の話を聞くために、今度は、ドイツの西の果てヒューンメルに向けて出発しました。電車を乗り継いで、最寄り駅のバート・ミュンスターアイフェルという町に宿泊します。

話はそれますが、私は新たな森林活用を研究テーマとしていて、その具体例として樹木葬墓地だけでなく、森林を活用した健康保養地も調査しています。ドイツでは、森の埋葬利用だけでなく、健康利用も盛んです。クアオルト（健康保養地）に指定された地域では、森歩きを運動療法として健康づくりやリハビリに利用していて、医師の処方箋があれば医療保険が適用されま

樹木の位置データを確認しながら案内するヴォールレーベン森林官

す。こうした健康保養地の多くは、温泉地に対して指定されていることが多く、そうした温泉地は、地名にバート（温泉）がつく特徴があります。バート・ミュンスターアイフェルも、かつてはクナイプ療法と呼ばれる冷水を使った療法の先進地として知られた歴史がある保養地で、今回は樹木葬墓地だけでなく、健康保養地の調査も兼ねることができました。

ミュンスター・アイフェルは古い街並みを残す趣のある町でしたが、温泉療法施設を備えた温泉宿は山の斜面に位置していて、かなりの坂道を上がっていかなければなりませんでした。そして、町全体としては、あまり温泉街としての特徴はありませんでした。翌日、町からタクシーに乗ってヒューンメルの森林官ヴォールレーベン氏の自宅兼営林署を尋ねました。そこから、彼の車に乗り換え、樹木葬墓地を見学します。ちょうど、大学で林学を学ぶドイツ人の女子学生がインターンシップで滞在中とのことで見学に同行しました。

ルーエフォルスト・ヒューンメルは、最初期の樹木葬墓地の特徴を兼ね備えていて、一切の宗教的シンボルは墓域の外に設けられています。献花などは、墓域の外に設けられた、十字架のみでできるようになっています。樹木葬墓地をできるだけ自然のエコロジカルな森林として管理し、訪問者にも体験してもらいたいというヴォールレーベン氏の思想やこだわりを反映して、そのほか随所に細かい工夫が行われています。

例えば、墓碑がわりになる樹木のネームプレートは、全て道の反対側の側面に掛けられています。林内の道を通っている人には、ここが樹木葬墓地であることを意識させないためです。また、金曜日の午後から週末にかけては、狩猟関係者の林道の通行を禁止しています。墓参に訪れる人への配慮だそうです。

林内の整備は一切重機を入れずキャタピラのあとが林内に残らないようにしています。ウッドチップもメインの林道のみに敷いて、林床はできるだけ自然のままにしています。ブナが中心の森は、他の樹木葬墓地よりも木の密度が高く、基本的には自然に任せた管理を行うように心がけているのだそうです。一般的なフリードヴァルトは、林内を歩きやすくするために樹木を間引いて明るくする管理が求められますが、その分、野イチゴなどの低木が繁茂しやすくなり、下草狩りの作業量が増えてしまいます。人間が森に余計な手を加えるよりも、自然の力に任せて淘汰され遷移していくほうが森林そのものは安定するのだというのが彼の森づくりの思想なのです。

こうした強いこだわりのためか、当初ドイツで三番目のフリードヴァルトとして二〇〇三年にオープンしていたヒューンメルの国有林は、翌年にフリードヴァルトとの契約を解消して脱退し、ルーエフォルストの第一号として看板替えをしているのです。ヴォールレーベン氏は、メディアに対しても発信力がある有名人です。フリードヴァルトを飛び出すと、自らの思想を実現するために、新たに立ち上がりつつあったルーエフォルストと組んで、宣伝広報の力で一躍全国普及させたのです。

一方、フリードヴァルト第一号のラインハルツヴァルトの森林官たちは、同じ森林官たちがこうした謀反のような動きをしたことに対してとても批判的です。当時のラインハルツヴァルトの担当森林官であったラップ氏は、インタビューの際に、当時のことを振り返りながら、顔を真っ赤にして怒っていました。当時は訴訟すべきという議論もあったようですが、やはり始まったばかりの樹木葬のイメージが悪くなるのを恐れ、訴訟問題には発展しませんでした。

そんなヴォールレーベン氏は、後に『樹木たちの知られざる生活　森林官が聴いた森の声』という著書を出版します。この本は、ドイツでベストセラーになり、日本語にも翻訳されています。彼の自然哲学に興味がある人は、ぜひ一読をお勧めします。

地域のシンボル・観光地としての樹木葬墓地

「ドイツの樹木葬墓地では、近隣住民の反対運動などはないのでしょうか」

これは、日本でよくきかれる質問です。実際、ドイツの墓地は、公園のような人々の憩いの場所として定着しているため、普段から散歩をしている人やお弁当を食べている人、読書をしている人の姿を多く目にすることができます。

また一方で、ドイツの森林も、週末に家族や友人同士がハイキングやピクニックで訪れる場所として、今でも人気の場所です。どこの町でも、人々が気軽に訪れることができる森が近郊にあり、犬の散歩や、ジョギングする人、ベビーカーを押すお母さんや老夫婦、ビールをラッパ飲みしながら歩く若者たちまで、実に多様な人たちが森の中を散歩しています。

こうして見ていくと、ドイツの墓地も森も、日本に置き換えると公園のような役割を担っていることがわかるかと思います。人々の余暇空間として両者が樹木葬墓地として融合したのは、まさに必然であったと言えるでしょう。

しかも、樹木葬墓地として森が整備されることで、これまで不良成績地だった林内が間引かれ、明るく、人が中に入り込めるような美しい森に姿を変えるのです。実際に、それまで林道しか歩くことが許されなかった森は、樹木葬墓地として誰もが中を歩いても良い、公園のような利用が可能な空間となります。

こうした理由から、樹木葬墓地は地域からも大歓迎されたのです。そして、観光地のように、地域が誇れる場所として位置付けられるようになりました。ドイツで最初の樹木葬墓地が、メルヘン街道沿いにある「メルヘンの森」、ラインハルツヴァルトに整備されたように、その後の樹木葬墓地も、既存の観光地である地域のシンボリックな森の一画につくられることが少なくないのです。

実際、調査で訪れたラインハルトヴァルトでも、シュヴァンベルク修道院でも、かつてそこを遠足などで訪れた経験がある地域外の人が、思い出の場所として生前に樹木葬墓地の契約をするケースがあるとのことです。

また、樹木葬墓地の話題性を利用して、地域を発信し活性化を図るという自治体も近年は見られるようになってきました。まさに、森林資源の活用だけでなく、観光促進や地域活性化の側面からも樹木葬墓地に期待がよせられているのです。こうした取り組みは、もちろん人口流出による過疎化が著しい地方部において特に注目されています。

「最も美しい埋葬林」アワードの設立

ドイツの埋葬協会では、二〇一七年から「最も美しい埋葬林」というアワードを設け、ドイツ国内の樹木葬墓地の表彰を行っています。これまで、フリードヴァルトという商標登録された固有名詞が、樹木葬墓地の代名詞として一般に認識されていましたが、現在では、森を使った樹木葬墓地に対して「ベシュタットゥングスヴァルト」(埋葬林)という言葉が一般名詞として普及してきた点も興味深いです。そして、運営会社などによるブランドに関係なく、ドイツ全域の埋葬林を、「美しさ」という視点から評価し、表彰するようになったという点は、ドイツの樹木葬墓地が完全に墓地の一形態として確立され、しかもその空間的な美しさが人々にとって選択の基準となってきたことを意味していると見てよいでしょう。

この「最も美しい埋葬林」を実際に見てみようと思い、私は二カ所の樹木葬墓地を訪ねることにしました。そのうちの一つが、ルーエフォルスト・ラインヘッセン・ナーエです。ライン川とナーエ川が合流するヴァルダルゲスハイムという町にあります。鉄道最寄り駅のビンゲンで下車し、近くのホテルに滞在しました。ラインヘッセンは白ワインで有名な地名だけあって、目の前を流れるライン川の対岸斜面は全てブドウ畑になっています。川下りで有名なライン川は、物流にとっても重要な航路で、大型の貨物船がゆっくりと絶え間なく往来しています。

森林官のノイヤック氏からは、「ちょうど樹木葬墓地の見学会があるので、その時間に合わせて来てはどうか」との申し出をいただきました。集合場所は樹木葬墓地入り口の駐車場です。翌朝、バスに乗って待ち合わせ場所に向かいました。運転手に、行き先を伝えて最前席に座っていたにも関わらず、停留所で声をかけてもらえず次の町まで乗り過ごしてしまいました。田舎のバスは一時間に一本程度。次のバスで戻っても待ち合わせ時刻には確実に間に合いません。仕方なく、道路脇で親指を立て、ヒッチハイクを試みました。十台ほど自動車が通過していった後、一台の赤い車が停まってくれました。隣町まで乗せてほしいとお願いし、良い機会なので、ドライバーの五〇代半ばの女性に車内でこの町の樹木葬墓地について質問してみました。彼女は、樹木葬墓地の評判は聞いていて、自分自身も購入を検討しているとのことでした。

樹木葬墓地の見学会に訪れた多くの人の前で説明する森林官

森林官夫妻も町では評判が良く、信頼ができるとのこと。そんなおしゃべりをしているうちに、隣町のヴァルダルゲスハイムのバス停ではなく、丘を上がっていった樹木葬墓地の入り口まで送ってくださいました。

駐車場には、ノイヤック氏が待っていて、すぐに見学客が次から次に車でやって来ました。天気があまり良いとは言えない三月の肌寒い日だったにも関わらず、最終的に二九台の車が止まり、ベビーカーを押す夫婦から七〇代くらいの人まで五〇名近くの人が集まりました。中には犬を連れている人もいます。

ノイヤック氏から、ルーエフォルストの理念や樹木葬墓地の基本的な仕組みについて一通りの説明がありました。家族用の木と共同墓用の木があることや、それらの料金、埋葬の仕方などについては実際に森の中を歩きながら説明し、セレモニーホールに当たる広場では、用意していた空の骨つぼで、埋葬の様子のデモンストレーションを行います。

「最も美しい埋葬林アワード」を受賞しているとのことで期待していたのですが、林内は特に目立った特徴があるわけではありませんでした。強いて言えば、ブナやオークを中心に、樹齢百年以上の木が全体を占めている点や、セレモニーホールとしてキリスト教者用の十字架が設置されたものと、無宗教者用の簡素なものの二種類があった点でしょうか。

最後に、パンフレットを配布して個別の質問に答えます。改葬についてなど、個人の事情を踏まえて個別に質問が続いていたので、ノイヤック氏へのインタビュー調査は翌日の朝に改めて行うことになりました。そんなやりとりをしていると、見学者の一人が、帰り道車に乗せていってあげるとわざわざ声をかけてくれました。この五〇代くらいのおばさんは、二〇キロほど離れた町から見学に来たそうで、子供がみんな遠くに離れてしまったので、管理が必要ない樹木葬墓地を自分のために購入しようか検討しているのだそうです。そんな話を車中でしてくれました。

森林の多面的機能と樹木葬

ここまで見てきて分かるように、ドイツの樹木葬墓地は、墓地運営単体ではなく、そのスタート時点から林業経営と密接に結びついていました。ドイツで最初の樹木葬が、国有林の林業赤字の補填を目的に導入されたことにも現れているように、ドイツの樹木葬拡大の要因には、市民の新たな墓地ニーズに応える新たな埋葬ビジネスと林業経営としての森林活用という大きく二つの力が働いていることが分かると思います。

日本はドイツから林業技術や森林科学の学問を導入した歴史的経緯があるため、現在の林業のやりかたにも多くの共通点があります。例えば、森林の公益的多面的価値の発揮を目指すという森林管理の視点もその一つです。これは、森林は木材のために木を育てたり伐ったりするためだけでなく、洪水を防いでくれる防災としての役割や、私たちの飲み水を供給してくれたり、野生動物のすみかを提供したり、山菜やキノコをとることができたりする機能、さらには登山やハイキングなどのレクリエーション、信仰や地域の伝統と結びついた文化的な価値をもっていたりといった、さまざまな機能や価値をもっているという考え方です。

そのため、森林管理には、木材生産のための経済的な効率性だけでなく、こうした多面的な機能や価値を最大限に発揮させる管理方法が検討されなければならないとされます。

このことが徹底されているドイツでは、森林での新たな公益的機能として「埋葬」が加えられ、林業地の中で木材生産に適していない場所を樹木葬墓地として整備することで、森林から得られる収入の増加と経営リスクの分散を図っていると見ることができます。

しかし、ドイツの森林学者に言わせると、ドイツでは森林の「多面的機能」という言い方はせずに、「生産」「保護」「保養」の三種類しかないのだそうです。樹木葬の「埋葬」は新たな機能ではなく、森林の「保護」と「保養」を兼ね備えた取り組みにすぎないのだとか。さすが、ドイツはシンプルだなあと私は感心しました。

直営樹木葬墓地の増加

ここまで見てきたように、ドイツの樹木葬墓地は全国に拡大し、既存の葬送文化と融合した形で大衆化が進んでいきました。日本で既に樹木葬がお墓を選ぶ際の選択肢になっているように、ドイツでは埋葬林としての樹木葬が広く認知され、森を終の住処にすることがひとつの選択肢となっているのです。

樹木葬墓地が普及して一定年数がたった現在は、その経営や運営のノウハウが蓄積されてきました。そして、森林という自然空間の長期的な管理に伴うリスクや実際に発生した問題、その解決方法などがある程度明らかになってきました。

これまでは、この新たな墓地事業に興味がある森林所有者たちは、未知のノウハウを有する民間の運営会社と契約を結ぶ必要がありました。しかし、こうした未知のノウハウが次第に明らかになってくると、わざわざ運営会社と契約しなくても、自分たちだけで独自のビジネスとして樹木葬墓地に参入することが容易になってきます。すでにご紹介したように、ドイツで最初の樹木葬ビジネスを始めた民間運営会社フリードヴァルトは、全国各地の森林を借り受け、自分たちがつくり上げた運営モデルで樹木葬墓地を展開していきました。

しかし、その中の一つの対象地が、そのノウハウをほぼ丸ごと引き継いだまま独立し、ルーエフォルストという別の会社に合流し、フランチャイズ形式の樹木葬墓地を全国に展開しました。これにより、樹木葬墓地の運営方法は、ある一定の品質を保ちながらも、各地域や森林所有者の状況を反映したある程度の幅を持つようになりました。多様な樹木葬墓地が各地に展開しながら、市場の全体像が見えてくるようになると、新規参入のハードルはますます低くなっていったのです。

まずは、自分たちが墓地の経営主体となりうる地方自治体や宗教団体が、運営会社を必要としない独自の直営ビジネスとして樹木葬に着手するケースが増えていきます。中でも地方自治体は、自ら所有する公有林を用いて直営の樹木葬墓地を開設していったのです。

樹木葬墓地を開設するには、いわゆる森林担当課と墓地担当課の連携が必要不可欠です。大抵の場合、どちらかが主導して樹木葬墓地の企画を進めていき実現までこぎつけます。私の印象では、行政の中で墓地担当課が主導する場合の方が直営の樹木葬墓地を選択する傾向が強いように思います。

当初、私が運営会社のフリードヴァルトやルーエフォルストを介して各地の樹木葬墓地を取材していた時には、現場の森林官が樹木葬墓地を推進し、行政内で他部署との調整を図っていったケースが多かったのですが、自治体直営の樹木葬墓地の取材を始めると、逆に墓地担当課が新たな墓地として樹木葬墓地を企画したケースの方が目立ちました。つまり、運営会社の一番の役割は、墓地の販売促進と顧客管理であり、墓地担当課は、その辺りのノウハウや利用者管理のシステムを既にある程度有している場合が多いのです。そのため、墓地担当課は、樹木葬墓地の開設にあたってそれほど運営会社の必要性を感じないようです。

一方、森林担当課の方は、こうしたサービス業のノウハウが不足しているため、森林サイドから樹木葬墓地が企画される際には運営会社との契約を前提とすることが多いのだと思われます。このことはそのまま、今後、日本で公営の樹木葬墓地を広めていく際の重要な示唆を含んでいると言えます。以下にいくつか事例を見ていきましょう。

温泉保養地のおしゃれな公営樹木葬墓地――テッラ・レウィス

大都市フランクフルトの隣町、ヴィースバーデンはクアオルト（健康保養地）としても知られる有名な観光都市です。その、ヴィースバーデン市が直営で始めたテッラ・レウィスという名前の樹木葬墓地を見学することにしました。ラテン語でつけられたこの名前は、エウリピデスのギリシア悲劇「アルケスティス」に出てくる「土が汝にとり軽くありますように」という格言に由来しているそうです。

あいにく、担当者の都合が合わず、インタビュー調査は行えませんでしたが、先ほどのルーエフォルスト・ラインヘッセン・ナーエから電車で一時間ほどしか離れていない距離で、しかも同様に「最も美しい埋葬林」アワード2016を獲得した樹木葬墓地だったということもあり、一目見ておくことにしました。

こちらの樹木葬墓地は、ヴィースバーデン郊外にあり、中心街からバスを乗りついで一時間以上かかります。しかも、事前にバス会社に電話しておかないとバスが運行されないというローカルなバス路線です。当然ながら、最後に乗り継いだミニバスは貸し切り状態で、帰りの時間も伝えた上で、終点のテッラ・レウィス駐車場で下車しました。

駐車場から樹木葬墓地までは五分ほど林道を歩くのですが、まさに林業地といった雰囲気の人工林の中を抜けていき、林道脇には伐採された木材が積まれていたりします。ちょうど二組の夫婦が墓参で訪れていたようで、この林道ですれ違いました。集落からも少し離れた場所にある一〇ヘクタールほどのテッラ・レウィスはひっそりとしていました。新しく整備された樹木葬墓地ということもあり、看板や柵などの木材がまだ新しく、キャタピラの後が残る整備したての道には、きれいなウッドチップが敷かれていました。樹齢の高いブナを中心とした明るい森の様子が印象的です。林の中を走る道の密度は高く、区画ごとの樹木番号を示す案内板が至る所に立っている様子は、一般の既存墓地に近い雰囲気です。

大都市のフランクフルトに近く、観光地ヴィースバーデン郊外に立地していることもあり、都市住民をターゲットにした、少し従来の墓地をアレンジした樹木葬墓地として整備されているという印象を受けました。ラテン語を使ったネーミングにはじまり、ホームページやパンフレットもおしゃれなのです。

旧東ドイツで遅れた樹木葬

ドイツ全土に普及した樹木葬墓地ですが、実際には分布状況に若干の偏りもあります。樹木葬墓地の導入が遅れる地域の状況を見ると、日本における樹木葬墓地導入の課題と重なってくるかもしれません。最初に結論から言うと、それは、宗教的な理由と法律的な理由です。

ドイツの樹木葬墓地では、衛生上の理由から土葬が認められていません。そのため、樹木葬墓地の分布は、火葬率の高い地域の分布と重なります。ドイツの国教はキリスト教ですが、ドイツ国内ではカトリック教徒とプロテスタント教徒がそのほとんどを占めています。そして、プロテスタント教会では火葬が認められているのに対し、カトリック教会では土葬が原則となります。つまり、樹木葬墓地の分布は、ドイツ国内の宗教分布と重なるのです。こうした理由から、バイエルン州のようなカトリックが多い保守的な地域では樹木葬墓地の普及があまり進んできませんでした。日本の火葬率は既に一〇〇パーセントに近く、こうした理由から樹木葬墓地が進んでも良さそうに見えますが、やはり宗教上保守的な地域が樹木葬墓地に抵抗を感じるというのは、もっともなことかもしれません。

そして、ドイツ国内の樹木葬墓地の分布に影響を与えるもう一つの理由は、法律上の問題です。今更ですが、ドイツの国名は正式にはドイツ連邦共和国といい、州が法的に強い権限を持つ地方分権国家です。州がほとんどひとつの国のようなイメージで、祝日が州によって違うなど法律も異なるのです。そのため、樹木葬墓地が誕生して全国に広がる中、旧東ドイツを中心とする一部の州では樹木葬墓地（埋葬林）がつい最近まで正式に合法ではありませんでした。こうした法律改正のプロセスも、日本で森林を利用した樹木葬墓地を実現しようとする際には大変参考になるポイントだと思われます。

このような理由から、これまでの樹木葬墓地調査の締めくくりとして、樹木葬墓地の導入が最も遅れた、旧東ドイツにあたるチューリンゲン州およびザクセン州の事例を見学することにしたのです。

チューリンゲン州は、ドイツでも有数の森深い州です。フランクフルトからアイゼナハまで移動して、ローカル線の電車に乗り継ぎます。そして、ヴァルドルフという無人駅で下車しました。私の他に降りる人は誰もいなくて、駅を出ても人影が見当たらない寒村です。約束をしている役場の場所を誰かに尋ねるために、町の中心に向かって歩きましたが、川を渡る橋が工事中。庭先に出ていたおばさんに、役場の場所と行き方を尋ねました。

旧東ドイツの地方の村では、外国人が一人で歩いていると珍しがられます。たまに通り過ぎる車のドライバーも、必ずこちらを凝視しています。町の中心にある役場は、一階が銀行になっていて、自分一人では入り口も見つけられないような木組みの建物でした。地方の小さな自治体では、日本と同様に周辺自治体との合併が進んでいて、役場機能も旧村に分散しています。今回私がインタビューで訪れたヴァルバッハも一一の自治体が合併してヴァズンゲンという町になっていて、その中の戸籍課がヴァルバッハの支庁に置かれていたのです。

役場では、戸籍課の女性担当者ゴーベル氏と、シリング課長に対応いただきました。樹木葬墓地開設に至る経緯や、実際の運営の様子についてお話をうかがい、その後、実際に樹木葬墓地をご案内いただきました。役場からさらに隣の村まで車で一五分ほど走り、そこからその村を見下ろせる緩やかな丘陵の牧草地を上り、樹木葬墓地「ルーエヴァルト」に着きました。ちなみに、このルーエヴァルトという名前は女性担当者のゴーベル氏が考案したそうです。ドイツで最初の樹木葬が「フリードヴァルト（安らぎの森）」で、その競合会社が「ルーエフォルスト（静寂の林）」であるのに対し、それらを組み合わせた「ルーエヴァルト（静寂の森）」というのはかなり際どいネーミングだと思います。

　樹木葬墓地の森は、日本ほどではありませんが、これまで見てきたドイツの樹木葬墓地の中では最も斜面がきつく、ブナの木がきれいに列状に並んでいます。なるほど、これが旧東ドイツの樹木葬墓地かと納得してしまいました。東西ドイツ統一以前の、林業が国営化されていたころの画一的な人工造林地の名残が見られたからです。見学していたら、ヴァルバッハの村長が車でやってきました。ここの樹木葬墓地では、村長が直々に埋葬後の樹木にネームプレートをとりつけてくれるそうなのです。しかし、よくよく話を聞くと、村長の本職は土建業で、村長としてではなく、土建業者としてネームプレート取り付けの仕事を委託されているのだとか。

ブナが整然と並ぶ植林地に設けられた旧東ドイツの樹木葬墓地

チューリンゲン州で最初の樹木葬墓地が登場したのは、二〇一四年九月です。州の墓地埋葬法の改正が二〇一六年だったので、法改正よりも前に地方自治体が見切り発車で公営墓地をスタートさせた形です。実際、法改正以前も、埋葬林としての樹木葬墓地が違法だったわけではなく、その解釈が曖昧であったため、州政府の中でも部局の判断が割れていたのです。裁判所の判断ですでに樹木葬墓地の開設は認められていたにも関わらず、関係部局の全てに対する手続きが煩雑を極め、多くの時間を要したようです。ちょうどこの時、樹木葬墓地の開設を望む市民団体も設立され、州政府に対するロビー活動も頻繁におこなわれました。

チューリンゲン州内では複数の自治体が樹木葬墓地の開設に向けて取り組んでいましたが、国有林（厳密には「州有林」）を対象地としていた自治体では、最終的には樹木葬墓地への接道が不十分であるという理由で州の森林課からストップがかかり、取り組みが止まってしまいます。やはり、ドイツでも、縦割り行政や、自治体と州といった行政レベルの壁を超えるのが困難である様子がうかがえます。

一方、ヴァルバッハの方は、町有林を対象とした計画を立てていたため、先に樹木葬墓地をスタートさせることができました。余談になりますが、その後、州政府の政権が保守政党から政権交代したタイミングで、墓地埋葬法が改正され、樹木葬墓地の位置付けが明確になり、担当部局との手続きが一気に簡素化されました。今後、法改正が遅れていた旧東ドイツでも樹木葬墓地の拡大が予想されます。

しかし、旧東ドイツの問題は、実は法整備だけにあるわけではありません。既に述べたように、森林空間そのものが樹木葬墓地にあまり適していないという問題があり、このことが樹木葬墓地整備を困難にしています。国による人工造林の拡大から、樹木葬墓地に適した広葉樹を含む森が少なくなってしまったのです。このことは、翻ってスギの人工林が全国を覆っている日本にもそのまま当てはまるかもしれません。埋葬林としての樹木葬墓地の導入には、森林そのものの魅力が必要不可欠なのです。

民有林で樹木葬ができるからくり――貴族の森

樹木葬墓地に大きな期待を寄せているのは民間の林業関係者たちも同様です。彼らは、林業不振に悩みながら新たな可能性として樹木葬墓地に注目しているのです。繰り返しになりますが、ドイツでも日本と同様、墓地の経営が可能なのは、地方自治体などの行政、宗教法人、公益法人に限られています。つまり、民間の森林所有者たちは、自分たちだけでは樹木葬墓地を始めることはできません。このことは、日本と全く同じ状況です。

しかし、ドイツでは、墓地は病院や学校などと同様、地域に必要不可欠な社会インフラとして、墓地の民間への委託が可能になっています。つまり、民間の森林所有者であっても、行政からの監督契約を結ぶことで墓地の経営が可能になるのです。日本で言うところの墓地の「名義貸し」のようなからくりと言えばわかりやすいでしょうか。このことが、ドイツ林業にとっては、大変大きな意味を持っています。樹木葬墓地の経営が、民間森林所有者にとって林業経営の多角化につながり、地域の林業振興と森林資源利用を後押しするのです。つまり、樹木葬墓地という手段による地域の森林環境保全が広まる条件がドイツでは整っているということができます。

こうした事例を調査するため、民有林で樹木葬墓地を開設したカッセル郊外、カウフンゲンの樹木葬墓地を訪れました。こちらは、騎士団に由来する財団所有の森林で、運営会社のルーエフォルストと、カウフンゲンの自治体と契約して樹木葬を行っています。二〇〇九年に四ヘクタールの樹木葬墓地からスタートし、現在整備中の森と合わせて九ヘクタールを墓地として活用する予定です。

樹木葬を始めたのは、二年前の悪天候による大規模な森林被害の穴埋めが必要になったからだそうです。林業経営の一環として樹木葬に着手したことを明言しています。しかも、一般的な樹木葬墓地の森林官は、九九年の契約終了後の森林の扱いについては、未定または自然保護区として維持の可能性が高いと答えることが多いのに対し、カウフンゲンの森林官は、木材生産を再開する可能性もあると話しています。まさに長期的な林業のサイクルの中に樹木葬が組み込まれていることがうかがい知れます。

森林官のヘルモンド氏に案内していただいた樹木葬墓地は、集落に隣接していて牧草地に囲まれており、近所の人のジョギングや犬の散歩コースとしても活用されていました。もともとカシの木を生産している森林を利用しているため、ドイツトウヒとカシが半分ずつくらい生えた、ドイツ人好みの森を利用していて、歩きやすい道が多く整備されています。埋葬箇所に石を置いているのは、こちらの樹木葬墓地独自の工夫だということでした。訪れたのは寒い冬の、うっすらと雪が積もった日であったにも関わらず、数名の地元の人たちとすれ違うなど、地域に溶け込んだ樹木葬墓地という印象を受けました。

樹木葬の森の中を案内いただいた後、冷えきった体を温めるため、事務所でお話をうかがうことになりました。通されたのは、なんとお城の一室。よく観光地で入場料を払って入るような、映画とかに出てきそうな広間には、豪華な調度品が並んでいて、壁には騎士団の家系のエ

お城の会議室の壁一面に飾られた騎士団のエンブレム

ンブレムが一面に飾られています。驚いたことに、これらの騎士団は過去のものではなく、現在も財団の形に姿を変えながら存続していて、この森林を経営しているのです。私には全く縁のない、ドイツに残る貴族の世界を垣間見た気がしました。

ドイツの森林所有構造では、公有林、教会有林、私有林に分かれますが、私有林の大部分を、こうしたかつての貴族が所有している森が占めています。こちらの樹木葬墓地では、森林所有者たちは全員世界中に散らばっていて、年に一度経営会議でこの部屋に集まるのだそうです。現在ではこの森林官の家族が城に住んで森の管理を行っています。

この話を聞いて、たしかに、エルバッハに

あったルーエフォルスト本社の事務所もお城だったことを思い出しました。エルバッハにつくられたルーエフォルストの樹木葬墓地も、実は同様に貴族の森に開設されたものだったのです。

繰り返しになりますが、この樹木葬墓地は民有林なので、単独での墓地経営はできません。しかし、自治体との監督契約を行うことで実質上の墓地経営が可能になるのです。カウフンゲンの行政も、当初は既存の公営墓地と競合するという理由で反対だったそうですが、一定のお金を自治体に納めるという契約の内容で折り合いがつき、実際の墓地開設の手続きは全て自治体側で行ってくれたそうです。

このように、森林所有者ならびに林業関係者は墓地運営のノウハウを持ち合わせていないため、実際には地方自治体、さらには運営会社を含めた三者での契約を結んで樹木葬事業を行うというケースが多く見られます。こうした事例は、日本における民有林の活用に大きな示唆を与えるものです。現在十分な林業活動が行われていない民有林についても、こうした仕組みを整えることで、地域の森林を再生させる可能性があるのです。

王子様が管理する樹木葬墓地――フリーデヴァルト・コスヴィッヒ

もう一つの事例は、さらに樹木葬墓地に関わる主体が変化した事例です。チューリンゲンからさらに東に向かい、ドイツのほぼ最東端に近いドレスデンに向かいました。ドレスデンは観光地として訪れる人も多い、有名な文化的大都市です。最近まで世界遺産の町でもあり、私も過去に四回ほど訪れたことがありました。大抵の場合は、中心市街地のオペラハウスや有名なラファエロの母子像もある美術館、戦後長い期間をへて再建されたフラウエン教会などが観光の目玉になりますが、今回は樹木葬墓地の調査です。エルベ川に浮かんだ船のホテルに滞在し、そこから路面電車に乗って郊外にある樹木葬墓地の事務所に向かいました。

小さな町のメインストリートにきれいな事務所が建っていて、現代的で明るい室内には骨つぼや樹木葬墓地の大きな写真などが展示されています。まずこちらの事務所内でインタビューを行い、その後、樹木葬墓地の見学を行いました。

ザクセン州で最初の樹木葬墓地は、ドレスデン郊外のコスヴィッヒで始まりました。こちらも、既に述べたチューリンゲン州と同様旧東ドイツに位置し、法的整備の遅れやその他の保守勢力との調整が難航し、最後まで樹木葬墓地が誕生しなかった州です。

こちらの樹木葬墓地は、既に紹介した樹木葬墓地と同様、貴族が所有する民有林が地元自治体と契約を結んで開設した樹木葬墓地です。しかし、運営会社への委託を行わずに、森林所有者自らが運営と管理を行っている点がとてもユニークです。つまり、森林を所有する貴族ご本人が国家資格を持った森林官であり、自分の所有する森林を管理しているのです。その人の名は、ダニエル・フォン・ザクセン氏。名前から分かるように、ザクセン州のザクセン、つまりかつてのザクセン公国の王様の末裔なのです。ホームページには、ダニエル王子の家系図などが載っています。

こちらの樹木葬墓地の名前「フリーデヴァルト」は、ドイツで最初の樹木葬墓地「フリードヴァルト」と酷似しています。アルファベット一文字Eがつくだけなのです。しかし、このフリーデヴァルトというのは、この森の本当の地名であるため、紛らわしいのですが、この名前のままで登録されました。

ザクセン州で最初の樹木葬墓地が開設までこぎつけるのには、かなりの苦労があったようです。しかも、先ほどのチューリンゲン州で最初の公営樹木葬墓地とは違い、民間の森林所有者が主体だったため、交渉には時間がかかったとのことでした。

森林官として自ら管理する樹木葬墓地について説明するダニエル王子

二〇〇二年にザクセン州の埋葬法が改正されましたが、それまで自治体の墓地管理は全て教会が行っていた経緯があるため、教会の反対により話が進みませんでした。当時は、運営会社のフリードヴァルトと契約して開設を試みましたが、その事務局が遠く離れたヘッセン州にあることも問題とされていました。自治体と教会が協力してくれない状況で墓地の許可を得るには、公益法人の連携先を探すしか方法は残されていませんでした。ようやく地元の公益法人、宗教協会と連携のめどが立ったところで、再度自治体と交渉し、自治体に払ったお金がそのまま教会に支払われる契約で、自治体と教会の双方が納得したそうです。現在では教会とも良好な関係を築いていて、教会で葬儀を行ったり、逆に樹木葬墓地での葬儀に神父に来てもらったり、教会墓地からの改葬を受け入れたりといったことが可能になったのだそうです。

こちらのダニエル王子はとても気さくな方で、章の初めで紹介した、森の中の葬儀への参列も彼が手配してくれました。ちょうど彼が歯医者の予定があったというのもあるのですが、その間の時間、葬儀でも見ていってくれという話になったのです。森林管理スタッフの若い青年カールが引き続き葬儀ための準備を見学させてくれ、さらに、葬儀スタッフのマイヤーさんが葬儀の見学をさせてくれました。ダニエル王子が歯医者から戻ってくると、樹木葬墓地の空間整備について、詳しく説明してくれました。

やはり自分が所有している森林の管理ということもあり、自分の在任中だけでなく、一族での継承を視野にいれた長期的な森林づくりは真剣味が違います。また、後で詳しく説明するように、既存の樹木葬墓地で蓄積されてきた課題やノウハウから、さまざまな対策が講じられています。

最も印象的だったのは、長期的な森林管理として樹木葬墓地の空間づくりが行われている点でした。九九年間という契約期間を考慮して、樹木葬墓地の区域は、三〇年から五〇年の比較的若い樹木の森に設定していて、木々の成長の中で樹木の密度を現在の半分以下にコントロールしていきます。具体的には、枯死リスクの高いマツやシラカバなどの樹種をはじめ、将来的に間伐の対象となる木は墓標としての対象から外すことで、変化する森の中で墓標を維持しつづけることができます。墓標として根元に埋葬する樹木は、全て道からの距離が一五メートル以内となるように、細かい路網設計も行われています。チップが敷かれた道はとても歩きやすく整備されていて、実際に見学中にもジョギングや散歩をしている人の姿を目にしました。

夕方になり、さらに地元のレストランに場所を移し、鹿肉のステーキやビールをごちそうになりながら、彼の説明は続きました。やはり、とても強い思いを持っている方で、こうした取り組みをより社会に発信するために、地元の学校の見学を受け入れたり、出張講座に出掛けていったりして、自然と葬送について説明しているのだそうです。

ドイツの樹木葬墓地が発展していく様子を確認することができ、興奮したまま、エルベ川に浮かぶ船のホテルまで車で送ってもらいました。

百年前からあった森のお墓

すでに述べたように、日本で大正期以降につくられはじめた公園墓地は、ドイツを参考にしたものでした。公園墓地がすでに一般化しているドイツにおいて、どうして樹木葬墓地が近年普及しているのでしょうか。

ドイツでは、樹木葬墓地に先立ち百年前には既に森林への埋葬を求める声が高まり、それが森林墓地を生み出しました。森林墓地とは、森の中に墓石が並ぶ墓地のことです。

ドイツで樹木葬墓地の調査を始めた最初の頃、フリードヴァルト本社をインタビューで訪れる際に名前が紛らわしくて迷ってしまったヴァルトフリードホフとは、まさにこの森林墓地のことだったのです。ドイツでは大都市を中心に、こうした森林墓地が郊外の都市林の中に整備されてきたのです。まさに、ロマン主義と並行して、都市を離れ、自然豊かな環境に埋葬されたいという欲求が森林墓地を生み出し、それが現在の樹木葬墓地の原型となっているのです。

日本では、こうしたかたちも含めて樹木葬墓地と呼ばれていますが、ドイツでは、森の中に墓石を立てる森林墓地と、樹木そのものを墓碑として用いる樹木葬墓地は区別されています。

ちなみに、本書では便宜的に樹木葬墓地という言葉を使っていますが、現在では、直訳すると「埋葬林」という言い方がドイツでは一般名詞として普及しつつあります。

世界遺産の森林墓地――ストックホルムのスクーグスシュルコゴーデン

日本で樹木葬墓地のお話をすると、有名な世界遺産の森林墓地について質問を受けることがよくあります。スウェーデンはストックホルムにある、スクーグスシュルコゴーデンという、覚えるのがとても難しい名前の墓地のことです。日本の樹木葬墓地として、あのような美しい墓地は実現しないのだろうかといったたぐいの質問です。

あまりによく質問されるので、実際に当時出張することが多かったフィンランドから少し足を伸ばして、ストックホルムに寄り道することにしました。北欧は、かつて留学中に一周旅行をしたことがあり、ストックホルムも思い出深い町の一つでした。中でも、一番思い出に残っているのは、ストックホルムとヘルシンキを結ぶフェリーのシリアラインの旅です。当時は、夜間で移動できるので宿泊費が節約できるし、スカンレイルパスという外国人旅行者用の鉄道チケットが使えるということで乗船したのですが、中に入ってびっくり、一晩中楽しめる豪華客船でした。宿泊する船室が、駐車場よりも下の船底部分にあるというだけで、それ以外は大変快適だったのです。

この船旅の一番の魅力は何と言っても、航路上に無数に浮かぶ島々の間を通りながら、夕日や朝日に照らされる美しい景色を楽しめることです。旅程の関係で、ヘルシンキからストックホルムに向かう、以前とは逆の航路に乗船することができました。三月のヘルシンキの港は、まだ海面が流氷に覆われていて、デッキの上は凍えるように寒かったのですが、遠ざかる港の景色や、通り過ぎる要塞跡を眺めながらかつての思い出に浸るぜいたくな時間を過ごすことができました。

ストックホルムの港に早朝に着くと、中央駅から歩いて行ける宿に荷物を置いて、早速電車でスクーグスシュルコゴーデンに向かいました。今回は、実際に墓地の様子を自分の目でたしかめるのが目的で、スウェーデンの埋葬方法などについて特段詳しく調査するつもりはなかったため、事前にインタビューの約束などはしていませんでした。市街地から二〇分ほどで郊外に出ると、下車駅の手前から車窓は墓地だらけになりました。複数の墓地が隣接して並んでいる地区なのです。スクーグスシュルコゴーデンという名の駅を降りると、歩いてすぐに墓地の入り口があります。駅前にはどこの国でも共通なのか、墓参用の花屋さんがあります。

墓地の中は公園のようにとても広く、目の前によく写真で見るのと同じ景色が広がっています。芝生広場へと続く道の先には巨大な十字架が見え、通路左側には火葬場やセレモニーホールなどの建物が並んでいます。こうした建物も、世界遺産の構成要素です。芝生広場は丘につながり、その上には散骨エリアがあって、そこから一直線に伸びる道が奥の森林墓地エリアに続いていいます。森林墓地は、松の木が中心の明るい林になっていて、その下の芝生部分に暮石が並んでいます。たしかに、不気味さは全く感じさせない美しい森と墓地との調和が見られました。しかし、マツの木は意外にも結構枯れていて、そのあとに苗木が三本ずつ植えられているのが印象的でした。やはり、この松林の景色を維持するには、それなりの努力が必要なようです。

墓地の中では、ベビーカーを押しながらジョギングしているお母さん、散歩している夫婦、墓参りをしている家族や、葬儀に訪れる喪服の人々など、多くの人の姿が見られます。自分も朝から半日以上を墓地で写真を撮りながら過ごしました。そろそろ引き上げようと入り口に戻っていると、樹木の剪定をしている造園職員がいたので、管理方法についていくつか質問してみました。すると、今は作業中だから、明日の朝また来たら解説してあげると言います。お互い連絡先も交換しておらず、本当に大丈夫だろうかと半信半疑だったのですが、翌日の早朝再び入り口にやってくると、彼が待っていました。そして、屋外部分だけでなく、チャペルや火葬場、葬儀場など、鍵を開けて中まで詳細に見学ツアーをしてくれました。

こちらの森林墓地は、火葬と土葬が半々くらいで、屋内外全ての空間が、キリスト教のシンボルや意味ある数字をモチーフにして設計されています。スウェーデンの死生観である、「人は死んだら森に還る」という思想が随所に組み込まれていて、とても開放的な墓地となっていました。葬儀場の建物を出たところで彼は時計を見て、仕事の時間だから行かなければ、とあっけなく去って行ってしまい、私は丁寧にお礼を述べることもできませんでした。

既に述べたように、森の中に墓石が並ぶストックホルムの墓地は、いわゆる森林墓地と定義できるものです。遺骨を直接木の根元に埋葬する自然葬ではなく、墓地を森の中につくったものという意味で、ドイツ同様百年ほど前につくられた墓地です。

こうして比較すると、ドイツでは、こうした森林に埋葬する森林墓地から、森林そのものが墓地になる埋葬林になるまでは、百年ほどの長い準備期間があったとみなすことができます。自然への埋葬という人々の要望が、ロマン主義などと同時進行で進んでいく中、スクーグスシュルコゴーデンでは森林墓地としての一定の完成形が生まれたのに対して、ドイツでは樹木葬墓地という進化があったのはなぜなのだろうか、そんなことを考えさせられました。

ドイツ埋葬文化博物館のエプラー氏によると、ドイツで樹木葬が普及した一番の理由は、日本と同様に承継者が不要であるという点ですが、実際には、墓地を常にきれいに掃除したり花

森の火葬場に続く道の横に広がる芝地と巨大な森の十字架

松林の中に墓石が立つ森林墓地エリア

で飾りつけたりしなければならないという慣習から解放されるため、自然葬のスタイルが歓迎されたと言います。自然葬だから、人の手をかけない(放置する)ことが正当化され、墓地管理に手間をかけられないことに対する自責の念に苛まれることがなくなったというのです。

こうして考えると、改めて自然葬として管理不要、承継者不要の樹木葬墓地が社会変化の中で求められていったことの意味が鮮明になってきます。そして、日本においては森林墓地よりもやはり樹木葬墓地が必要なのではないかという思いを一層強くしました。しかしながら、ドイツでさえも森林墓地が生まれ、樹木葬墓地に発展するのに百年もの時間がかかったことを考えると、現在の日本ではまずは広義の樹木葬墓地として認識されている、この森林墓地の形から始めるのが最も現実的かもしれないとも思いました。現在始まったばかりの日本の樹木葬がどのように文化的な着地点を見いだすのかは大変興味深いです。

森林官が暴露する樹木葬墓地の課題

ドイツの樹木葬が万事うまくいっているわけではありません。樹木葬墓地の普及が進み大衆化する中で一定の年数がたつと、当初は想定されていなかったさまざまな課題も見え始めています。フランクフルト郊外にある、フリードヴァルトの森林官が、匿名を条件にインタビューに応じてくれることになりました。「現在の樹木葬墓地の課題について話してもよいが、経営者や本部に知られると問題があるので名前は伏せてほしい」と言います。実際に樹木葬墓地を訪ねてお話をうかがうと、彼が語る課題の多くは、自然の森林を墓地として用いるが故に生じるさまざまなリスクに由来するものでした。つまり、この訪れた樹木葬墓地にのみ見られる課題ではなく、一般的な樹木葬墓地全般に当てはまる課題と言えるものばかりでした。

その具体例をいくつか見てみましょう。最初に挙げられるのが、樹木の寿命の問題です。ドイツの樹木葬墓地は、日本の多くのそれとは違って、森林内に既に生えている成長した樹木を墓標として用います。このことは、苗木を使うよりも、初期段階で木が枯れる心配が少なく、また、現状の森林管理を継続する中で森林の維持を図れるという意味で、一から森づくりをするよりも断然効率的です。

その一方で、樹木の高齢化に伴うさまざまな病虫害の影響や暴風害に伴う枯死の可能性が高まるというリスクもあります。これは、林業が抱える一般的なリスクと言ってしまえばそれまでですが、実際には墓標の樹木が枯れてしまった場合は、契約期間中であれば新たな苗木を補植するという対応がとられることになります。ちなみに、すでに述べたように、ドイツの樹木葬では、一般的に樹齢が高くて大きい樹木ほど料金が高くなります。つまり、古い樹木ほど立派で人気が高い一方、木の成長の勢いが衰えていて、枯れてしまうリスクが高くなっているというジレンマが生じます。せっかく立派な大木を選んでも、枯れてしまうとその後に若い苗木が植えられてしまうので、悩ましいところです。

実際に、ドイツで最初のラインハルツヴァルトは、メルヘンの森でも知られる美しいナラの巨木が並ぶ樹木葬墓地ですが、近年「ナラ枯れ」という木の病気がこの地域に入ってきていて、多くの樹木が被害を受けています。せっかくの美しい樹木葬墓地が、一気に失われてしまうのではないかと、森林官は気が気でありません。この課題は、樹木葬墓地全般に共通した課題と言えます。

自然の森を活用するが故に生じるさまざまなリスクの中で、もう一つよく話題に上がるのが、墓域内での事故対応の問題です。特に頭を悩ませているのは、高木の落枝によるけがの対策です。

ドイツの森は、誰もが自由に中を歩き回れる権利を持っているとご紹介しましたが、その際の危険に関しては自己責任が原則となっています。また、森林を墓地として利用するドイツの樹木葬墓地では、その土地は「森林」のままで、その内容が「埋葬」ということになります。つまり、日本のように「山林」から「墓地」へと地目を変更させる必要がないため、そのまま森林のルールが基本的には適用されます。

しかしながら、この通行者の危険に関する項目だけは、キャンプ場などの施設と同様の扱いになるため、事故が起きた際には管理者がその責任を負うことになってしまいます。つまり、管理者である森林官にとっては、森が一気にリスクの山になってしまうわけです。

森に生えている自然の樹木をどこまで剪定すべきか。ここは森なのか庭なのかという疑問の声が現場の森林官たちから漏れ聞こえてくるのも当然かもしれません。しかも、墓碑として各自が思い入れを持っている樹木を無断で手入れすると、契約者や遺族からクレームが寄せられることもあるのです。森林官は、従来通りに森林を管理しておけば良かったはずなのに、ここに来て想定していなかった新たな問題が浮上したのです。

こうした課題は後に述べるように、後発の樹木葬墓地では、さまざまな工夫で既に解決策が講じられている点も興味深いです。つまり、樹木葬に関わる現場の森林官たちが、共通して感じていた課題であったと考えられるからです。そして、これらの課題は、最終章で述べるように、日本のこれからの樹木葬墓地を考える上でも大変示唆に富んだものばかりでした。

進化する樹木葬墓地の森林管理ノウハウ

このようにさまざまな問題への対策が求められる中、樹木葬墓地整備や運営のノウハウは蓄積され、近年開設される新規樹木葬墓地にはさまざまな改善が見られるようになっています。それらは、空間の改善と利用の改善に分けられます。空間の改善というのは、森づくりや森林管理、墓地空間の整備に関する工夫であり、利用の改善というのは、樹木葬の契約内容や利用規則などの改善です。

まず、森づくりに関しては、樹木の枯死リスクを最小限にするための林業技術的なノウハウが蓄積されています。この森づくりに関しては、森林の管理を任される森林官によって異なる思想や哲学があるので、実際にはどれが正しいのかは明確ではありません。ここでは筆者が調査する中で感心したいくつかの例を紹介したいとおもいます。

フリードヴァルトからルーエフォルストに乗り換えて独自の森林管理を追求した森林官、ヴォールレーベン氏が進めるような、完全に自然に任せる、エコロジカルな管理という考え方が一方にあります。森林における樹木同士の生存競争によって、樹木の成長は抑えられるので、特に将来的な森林の変化を予想した密度管理は必要ないという考え方です。これに対しては批判的な森林官も多く、最初の樹木葬墓地であるフリードヴァルト・ラインハルツヴァルトでは、すでに成長がピークを迎えた樹木を対象に樹木葬墓地を指定するという方針をとっています。

しかし、こちらは前節で述べたように、森林としての変化は少ないものの、樹木の枯死のリスクが高まるという問題があります。一方で、現実的な対応をとっているその他の樹木葬墓地では、年数がたって森林が変化するに従って樹木を間引いていけるように、墓域内の樹木を全て墓標として使用せず、ある程度余裕を持たせておくという方針をとっています。ドレスデン郊外のダニエル王子が行っているように、森林の長期的な変化を見据えて、将来的に淘汰され枯死する可能性が高い樹種は墓標に用いず、長期的に森林内に残ると予想される樹木のみを墓標として用いるといった工夫を行っているのです。つまり、森林の生態学的な変化を、樹木葬の設計に応用しているということができます。

話は少し脇道にそれますが、こうした生態学的な森林管理について説明を受けた時、私が思い浮かべたのは日本の明治神宮の森です。

明治神宮の森は、明治時代にドイツで林学を学んだ本多静六、本郷高徳、そして上原敬二といった学者たちが、当時最新のドイツ林学の理論と技術を応用して人工的につくった森です。

その設計にあたっては、百年後の安定した森林の姿に向けて、人の手を加えることなく段階的に遷移していくように異なる樹種を計画的に配置するという工夫が行われました。具体的には、創建時はアカマツを主木とする林から、次第にヒノキやサワラといった常緑樹が成長して森が世代交代し、最終的にはシイ、カシ、クスといった常緑広葉樹が主木となる極相林の段階に至るという林苑計画が作成されました。そして、実際に人の手が加えられることなく、明治神宮は当初の計画よりも早い期間で、想定されていた森の姿へと成長しました。

現在、二〇二〇年の東京オリンピックと同じ年に鎮座百年を迎えるこの明治神宮の森を、次の百年にむけて後世にどのように引き継いでいくかについて、私自身が若手研究者などに声がけし、明治神宮の神職の方々と共に議論を行っている最中です。もちろん、明治天皇を祀るために創建された明治神宮だからといって、樹木葬墓地として活用できるのではないかといった安直な提案はしていません。しかし、創建当初から行われてきた将来を見据えた生態学的な森林の管理方法を、現代における都市林としての位置付けを考慮に入れて、再検討する時期が来ているのです。

ノウハウ蓄積に伴い進化する運営

お墓という長い時間維持されるものでは、自然側の変化による問題だけでなく、人間側の変化による問題も新たに生じてきます。その代表的なものが、遺族の高齢化による墓参の困難化です。森林を樹木葬墓地として利用するということは、墓参りをするためには森林内を歩かなければならないことを意味します。

しかし、埋葬当時は元気に森の中を歩いていた遺族も、次第に高齢化し足腰が弱くなると、森林内を歩くことが困難になり、埋葬箇所まで歩いてたどり着けないという問題が生じてきます。こうした問題は、樹木葬墓地がドイツで始まってから一五年以上がたつ現在、各地でその対策が検討されています。

すでにご紹介したように、キリスト教の教会として最初に樹木葬墓地を始めたシュヴァンベルクでは、ゴルフカートを利用者に貸し出して、埋葬箇所にできるだけ近い林道までは移動できるようにするという工夫を行っています。また、教会内のチャペルを参拝場所として解放し、森の中に入らなくてもお参りができるような配慮も行っています。

これは、日本でも伝統的に見られる、両墓制のやり方と言えるでしょう。つまり、実際に埋葬されている埋め墓と、墓参者がお参りする参り墓を分けるという方法です。ヒューンメルのヴォールレーベン氏も、車いすでも通れる林道の整備の重要性を強調していました。新規に整備されたドレスデン近郊の樹木葬墓地でも、ゴルフカートで埋葬箇所まで移動できるようにしながら、高密度での路網設計について語っていました。全ての埋葬箇所が、道から一五メートル以内になるように設計され、林道からお参りができるようにしているようです。これらは、もともと林業において、効率よく樹木を伐採し集材するための林道設計技術が応用されたものと言えます。

契約内容や利用規則についても多くの改善が行われました。例えば、フリードヴァルトでは、借地契約期間を理由に、墓域内の森林の利用が九九年に限られ、各樹木葬の契約期間もこれに従いました。その後、ルーエフォルストなど、森林所有者自身が樹木葬墓地を提供する段階になると、この借地契約の期間に縛られる必要がなくなりました。しかし、実際には、個別の契約期間を九九年にしてしまうと、墓域の森林管理に不都合があります。墓参者を考慮した、枝払いや林床の草刈りをといった森林管理をいつまでたってもやめられなくなってしまうからです。こうした理由から、樹木葬墓地の契約期間は、エリアごとに九九年間とするのが一般的になっているようです。

　また、すでに述べたように樹木葬墓地の中で起きた事故への対応や樹木の管理に関するクレームについても多くの場所で問題になっています。これらに対しては、チューリンゲン州のルーエヴァルト・ヴァルバッハに見られるように、墓地の利用規則の中に墓参中や散策中の事故に関しては自己責任である旨の一文を加えるのが一般的になっています。落枝事故のリスクを減らすための、樹木の枝払いなどの管理については、墓標としての樹木であっても、森林全体としての管理が必要である旨を契約前にきちんと説明しておくという対応が、ルーエフォルスト・ラインヘッセン・ナーエのノイヤック森林官をはじめ、最近の樹木葬墓地では一般的になっているようです。

　このような、ドイツの樹木葬墓地で蓄積された課題と、その対応については、今後日本で同様の樹木葬を検討する際に大変参考になると思います。

第3章

日本の樹木葬墓地の課題とこれから

定義や理想的な姿が見えない日本の樹木葬

ここまで、日本の樹木葬の現状や、ドイツの樹木葬の様子を見てきました。もちろん、海外の事例が全て素晴らしく、日本よりも全ての面において進んでいるわけではありません。しかし、ちまたにあふれる樹木葬の広告から感じる違和感が何なのか、ドイツと日本の樹木葬を比べてみると、その答えが浮き彫りになってくるように思います。この章では、現在の日本の樹木葬を取り巻く課題について、「自然空間」としての側面、「墓地空間」としての側面、そして「地域やふるさと」の側面といった三つの視点で整理しながら、それらを解決できる樹木葬墓地の未来像に思いを巡らせてみたいと思います。

最初に挙げられる課題は、日本の樹木葬が統一的な形態を持っておらず、墓地によって異なる埋葬や管理が行われているため、これから樹木葬を選ぶ人にとってわかりづらいという点です。

ドイツの樹木葬墓地が、森林利用型を中心として広がったのに対し、日本では都市型のガーデニング型やシンボルツリー型を中心として普及しつつあります。ドイツでも、近年、既存霊園の魅力向上の取り組みの中で、日本と同様の都市型樹木葬墓地が見られるようになってきましたが、依然として主流は、森林を利用して、高木の根元に遺骨を埋葬する形態で統一されています。それに対し、日本の樹木葬墓地はさまざまな形に姿を変え、場所によってその形態はバラバラです。

このような違いの背景は、樹木葬墓地の普及の仕方の違いに由来しています。ドイツでは民間の運営会社が中心となって、全国の行政を中心とする森林所有者から森林を借り受けて、そこを樹木葬墓地として整備し運営するという形で普及しました。日本では、あるお寺の住職が始めた樹木葬を全国の墓地経営者らが視察に訪れ、それぞれ自分たちの条件に合った形で樹木葬を応用していきました。そのため、場所によってバラバラな形の樹木葬墓地が生まれていきました。

このことが、人々にとって樹木葬の実態をわかりづらいものにしていると言えるでしょう。そのため、樹木葬に興味を持った人は、樹木葬に関するありとあらゆる情報を収集しなければなりませんし、墓地ごとの条件を事細かく比較検討しなければなりません。ドイツの樹木葬においては、この点、ほぼ全ての樹木葬墓地で価格帯やサービスの内容、森林の様子なども大差ありません。選択肢が多いのは骨つぼのデザインくらいでしょうか。

こうして考えると、日本とドイツの違いは、お墓に限らない消費文化全般に言えることかもしれません。とにかくありとあらゆる無限の選択肢が商品として用意されるのが日本の特徴なのかもしれません。しかしながら、ゆっくり選んでいる時間の猶予がないお墓に関して言えば、日本の樹木葬において最も重大な課題は、樹木葬の定義や理想的な姿が確立していないことだと言えます。

樹木葬をめぐるさまざまなトラブル

いまだに樹木葬の定義や理想的な姿が確立しておらず、バラバラな形態をとる日本では、それに伴いさまざまなトラブルも起きています。まず、樹木葬の理解が進んでいないために起こるトラブルとして、管理に関するトラブルが挙げられます。

樹木葬墓地におけるクレームで一番多いものが、墓地の管理面での草刈りに関するものだそうです。つまり、樹木葬が自然葬としては必ずしも定着していないため、樹木葬墓地に、一般的な墓地と同様の管理を期待する人も少なくないのです。

仮に、生前契約で購入したご本人が、自然葬としての樹木葬を理解していたとしても、遺族にとっては、常に管理が行き届いていない場所は我慢できない場合があります。お墓は、購入した人と、墓参などに訪れ実際に利用する人とが異なるという、ユニークな商品です。そのため、残された遺族に、自然葬に対する理解があるとは限らないのです。

自然に還るお墓に魅力を感じる人も多い中、そのことで逆に不安になる人もいます。例えば、近隣住民の方たちです。日本において、お墓は一般的に、社会にとって必要なのはわかっていても、家の近くにあるのは嫌という類いの施設です。特に、自然葬になると、土に還った遺骨が地下水に染み込んで自分たちの飲料水に影響を与えるのではないか、農家の方の中には、農作物に影響を与えるのではないか、といった心配を持たれる方もいるようです。もちろん、直接的な環境への影響だけでなく、風評被害が懸念されるのは、今の時代仕方がないことかもしれません。

こうした課題は、散骨と共通したものと言えるかもしれません。散骨による近隣住民とのトラブルで有名な事例として、北海道の長沼町の例があります。散骨による風評被害から、地方自治体で散骨を禁止する条例がつくられました。実際に当事者の方にお話をうかがうと、樹木葬の環境的な影響というよりも、コミュニティの人間関係によって生じたトラブルであるように思われますが、この事例が発端となって、樹木葬は違法であるという誤解が広がったり、樹木葬による風評被害を懸念する状況が全国に広まったりしてしまいました。

こうした状況が影響してか、「自然に還る」をうたいながら、実際には遺骨が土に接することがない、自然に還らない樹木葬も多くあります。最初から、コンクリートや石で囲まれたカロートと呼ばれる遺骨を埋蔵する場所が設けられていて、その中から遺骨が出ないようにしている樹木葬があったり、土に直接埋めると言いながら、実際にはビニール袋に包んで遺骨を埋めている場合もあったりするようです。

自然の中では、さまざまな野生動物たちの死骸が、火葬されることなく自然に還っていっていて、私たちはそうした自然の地下水から飲料水を得ています。ましてや、火葬後の遺骨の成分はリン酸カルシウムで、ほとんどガラスやセラミックと同じ成分であるため、そこから溶け出す有害な成分などはないと言われています。それにも関わらず、私たち日本人はどうしても墓地となると過剰な反応をしてしまいがちです。これも、樹木葬をはじめとする自然葬の知識が正しく伝わっていないことによる課題と言えるでしょう。しかし、無意識のうちに感じている死への畏れや穢《けが》れの感覚は、宗教観や死生観と結びついた文化的なものなので、これもまた人が人であることの証しなのかもしれません。

ちなみにドイツでは、墓地による近隣住民とのトラブルはないと言います。墓地に関する文化的な違いもあるかもしれませんが、実際には、墓地空間の魅力や空間の余暇利用のされ方の違いかもしれません。日本でも、ドイツの墓地を参考にして現在の多磨霊園が日本で最初の公園墓地として大正時代につくられました。以降、日本でも公園墓地という概念が一般的になりましたが、墓地を公園のように利用するという認識はまだまだ一般的ではありません。

自然管理の難しさ

悪天候で樹木が枯れる、土地にあった樹種が選ばれていないと木が成長しない、逆に木が成長しすぎる、といった自然管理の難しさは、樹木葬墓地を管理する側にとっても課題となります。一般的な石のお墓は、基本的にはずっと形が変わらず、管理は比較的簡単です。それに対し、自然の樹木は季節によって葉を落としたり、成長したりして、常にその姿を変化させ続けます。

こうした管理の難しさが、樹木葬の形態にも影響を与えています。ドイツの樹木葬は、既存の森林の一区画を利用したものであるため、基本的にはそれまでの森林管理の延長で森林のプロによる管理が続けられます。それに対して、日本の樹木葬はそれまで一般的な墓地の管理をしていたお寺の住職や、管理を委託された造園業者が、樹木葬墓地の管理を行うことになります。

そうすると、庭木を仕立てるような膨大な手間をかけるか、逆に手間をできる限り少なくするための墓地空間をあらかじめ整備するかという二つの選択肢が生じることになってしまいます。永代供養墓地で、管理料をできるだけ抑えようとするのであれば、自ずとできるだけ管理が簡単なガーデニング型樹木葬や、シンボルツリー型樹木葬といった都市型樹木葬が増加するという結果に繋がっていくと考えられます。

北海道の樹木葬墓地では、区画ごとに利用者が好きな樹木の苗木を植えて育てられるにも関わらず、毎年のようにシカが苗木をかじってしまったり、雪によって折れてしまったりという被害が続き、次第に石造りの墓石ユニットに代わっていってしまった例を紹介しました。このような管理の課題が多くあり、そのために、現在のような管理が容易な都市型樹木葬の形態が広まっていったと考えられます。しかし、管理のしやすさという側面から墓地の形態が決まってしまうのは少し残念なような気もします。

こうした、樹木葬墓地の価格競争が進む中、経営に行き詰まって墓地管理がとどこおり、放置されるといったトラブルもあるようです。自然葬として、散骨と樹木葬の混同や誤解が多い点は最初に申し上げました。現在、散骨は、節度をもって行われる限り違法とは見なされないとされています。しかし、墓地埋葬法に位置づけられない私有地での散骨が、樹木葬として売り出され、トラブルを招いているケースも少なくありません。本来、墓地経営は永続性が大前提となるため、その経営主体が行政や宗教法人、公益法人に限定されています。それ以外の民間業者による、非永続的な墓地まがいの施設に関しては十分注意が必要です。

自然に対する理解が欠かせない

ドイツで普及し、日本でも一部の明確な信念を持った寺院のみが行っている、本当の意味で自然回帰を実現する樹木葬墓地は、日本の埋葬文化として定着するのでしょうか。

樹木葬墓地の具体的な形態は、人々と自然との関係性や自然理解と密接に結びついていることがわかります。現在の樹木葬墓地にまつわるトラブルのほとんどは、「自然に対する人々の理解不足」がその根本にあるとも言えます。その意味で、初期の信念を持って取り組んでいる樹木葬墓地において、環境教育の機会が同時に提供されているのは、とても理にかなっていることが分かります。自然回帰を具現化し、持続的な樹木葬墓地を実現するには、人々の自然への理解がより深まっていくことが不可欠なのです。そのために、樹木葬墓地の提供者は、墓地の情報だけでなく、自然に関する情報を正確に提供する必要があると言えます。

樹木葬墓地の調査を通して、私たちがいかに自然を都合よく解釈し、そこに過剰な意味を持たせて利用しているのかが見えてきました。私たちが樹木葬墓地を通して利用しているのは、自然そのものではなく、「自然」という抽象化されたイメージです。人々は、さまざまな思いを、その「自然」に託して、実現させようとしているのです。重要なのは、そんな私たちが求めている「自然」が、どれだけ現実の自然空間と結びついているかということなのではないでしょうか。そこに、実際に森に足を運ぶドイツの樹木葬墓地と、既存のお墓に「自然」を取り込んでいこうとする日本の樹木葬墓地の違いがあるのだと思います。

ドイツで墓石が森林内に並ぶ森林墓地が二〇世紀初頭に登場し、その後、森林の樹木そのものを墓標として根元に埋葬する樹木葬墓地に発展するのに百年ほどの時間がかかったことを考えると、日本でもまずは現在普及しているような、石のお墓の形態を残しつつも、墓地空間の自然環境を改善していくような森林墓地の形態が受け入れられやすいのかもしれません。まさに、日本人に人気の、スウェーデンにある世界遺産の森林墓地、スクーグスシュルコゴーデンが思い浮かびます。

しかしながら、承継者がおらず、遺族による管理がますます難しくなってくる日本の社会構造の変化を考えると、承継されない石のお墓を並べる森林墓地がこれから広まっていくというシナリオはあまり現実的ではないかもしれません。

それに代わる合法的な自然葬墓地として、樹木葬墓地は、今後もますますその重要性が増すでしょう。承継者の有無に関わらず、将来にわたって魅力的な自然空間を残していける樹木葬墓地のあり方が確立される必要があります。自然葬のニーズも高まっていくとすれば、スウェーデンにある散骨墓地という選択肢もドイツのように検討していく必要があるのかもしれません。

「理想の森」をつくるにはどうすればよいか

樹木葬墓地に求める人々のニーズはさまざまですが、理想の樹木葬墓地の姿を具体的にハッキリとイメージできる人はほとんどいないのではないでしょうか。実際には、墓地広告の中にある、多種多様な墓地のメニューから、比較的自分の条件に近いものを迷いながら選択せざるを得ないのが現状です。人々が求める、理想の樹木葬墓地の姿を考えてみたいと思います。

日本人にとって好ましい森林についての有名な実験があります。「人工林」と「自然林」という言葉を聞いて、どちらがより好ましいと思うかという質問に対しては、ほとんどの人が「自然林」と答えます。次に、実際に人工林と自然林の写真を見せて好ましい方を選んでもらうと、ほとんどの人が人工林を選ぶ、というものです。

理念的なイメージで好まれる自然と、現実的な利用対象としての自然の間にはギャップがあり、全く手の加わっていない野性的な森林の中に入りたいと思う人はほとんどいないということを示したものです。現代人の私たちにとって、手つかずの自然は親しみやすい空間ではないため、自然葬としての樹木葬墓地においても、適度に人の手を加えることが求められることを示唆しています。

これを踏まえ、札幌で開催された樹木葬のシンポジウムで参加者を対象にしたアンケート調査を実施したことがあります。樹木葬を選ぶとしたら、どのような基準で選ぶかについて質問したところ、回答数で一番多かった樹木葬を選ぶ基準値は「自然環境」でした。その後に、回答の多い順で「管理方法」「訪れやすさ」「価格」と続きました。

一般的な墓地に関しても、同様のアンケートが行われているのですが、樹木葬墓地に限定して質問した場合の回答では、「自然環境」の優先順位が高くなるのが特徴で、その他の基準の順位は同じという結果でした。このことからも、樹木葬墓地に関心がある人にとっては、一般的な墓地選択の際と同様の基準を持ちながらも、自然回帰のイメージがどのような空間として現れているのかが最大の関心事であることが分かります。

また、同じアンケート調査において、樹木葬墓地として好ましいと考える具体的な森林景観について、一二通りの絵から選んでもらうという質問も行いました。その結果、極端に自然度が高く野生的な森林や、逆に完全に人工的な樹木葬墓地よりも、適度に人の手が加わった、林内を歩きやすい森林が樹木葬墓地の姿として望ましいと考えられていることが明らかになりました。やはり、私たちが求める森の姿には、ある程度の共通点があることを示しています。

また、二番目に優先順位が高い「管理方法」に関しては、墓地が墓地として存続しつづけるために不可欠な要素として重要視されます。このことは樹木葬の森林景観に関していうと、墓地が放置され、野生化してしまうことは望まれていないことを意味しています。

日本人とドイツ人で、思い描く森の姿や、森の美しさに関する基準が違ったりすることを考えると、日本では、より審美的な側面を重視した森林の空間的な整備が求められると考えられます。やはり、日本庭園のような、人の手が加わった自然の姿としての樹木葬墓地を志向する日本の文化的な背景があるのかもしれません。

もしくは、「白砂青松」という言葉で表される、昔から美しい風景のモデルとして知られてきた、松林の姿も、日本の理想的な樹木葬の姿として可能性があるかもしれません。

ドイツでは、森林空間と墓地空間が重なるところに、公園利用という性格があり、樹木葬墓地が公園墓地と同様の性格を持った森林として人々に利用されています。しかも、もともと林業という生産活動が行われている森林空間が公園のような性格を持っているということで、持続的に管理される樹木葬墓地が成立しています。

これに対し、日本で考えられる樹木葬墓地はどこで成立するでしょうか。人々が身近に感じて訪れやすい森という時点で、すでに居住地から近い、里山や雑木林ということになり、林業空間としての森林からは離れてしまうかもしれません。それでいて、持続的に人が管理できるという条件がつくと、ある程度コストをかけて人の手を入れるか、ボランティアベースでの整備ということになるのでしょうか。今後、化石燃料に変わって木質バイオマスの需要が高まった時、木材生産ではなく、エネルギー生産という視点から、もしかしたら再び、里山や雑木林における生産活動が見直され、樹木葬墓地の管理と結びつく日が来るかもしれません。

ドイツでは、既に見たように、林業経営の多角化として樹木葬墓地が経営的な視点から位置づけられる一方で、埋葬という利用を森林の持つ公益的な価値として捉える視点がありました。現在導入が進められている「森林環境税」が、樹木葬墓地の運営に使われる可能性だってない話ではありません。

いずれにせよこうして考えていくと、日本の樹木葬は、最初に里山保全としてスタートした知勝院の原点に戻っていかなければならないのかもしれません。

百年後も変わらない森林文化とは——鎮守の杜の可能性

森の墓地利用と並行して、保養地としての利用についても私は研究しているという話をしました。ストックホルムの世界遺産の森林墓地スクーグズシュルコゴーデンの調査は、森林の健康利用としての森林浴や森林ウォーキングの調査で訪れていたフィンランドからの帰り道でした。その時の調査で、フィンランド人に問いかけられ、ハッとさせられた言葉があります。

「どうしてそんなに理由をつけて人を森に連れていきたいの？」

たしかに私は、森と人との繋がりを回復できるような手段として、お墓や保養地の研究をしていたのです。しかし、フィンランド人が行っている森林浴の調査は、彼らの日常的なライフスタイルである、人が森を訪れることの効果を、改めて客観的に評価するための研究でした。これから新たに人を森に連れて行くための研究ではないのです。そもそも自分は、目的がないと森に行かない私たち日本人のために、森に行く目的づくりをしているのか。そのことに気付かされたのでした。

その時、お墓はいったん抜きにして、純粋に訪れたくなる森の姿とはいったいどのようなものだろうかという、最初の単純な疑問に戻ってきてしまいました。結局のところ、私たちの身近に、日常的に訪れる美しい森が存在していなければ、森をお墓として使おうという発想は生まれてこないのです。美しい森を新たにつくったとしても、そこに生活との重なりがないと、その森が今後将来にわたって持続的に管理されたり利用されたりすることは期待できません。いつかは忘れ去られ、不気味な森になってしまいます。日本に既にある、先進的な森を使った樹木葬墓地にも、少なからずその危険性が潜んでいることは否定できません。

さて、ここまで考えをぐるぐると巡らせていくと、日本で定着しうる、森を使った樹木葬墓地など本当に実現可能なのか不安になってきます。そもそも、日本で今でも受け継がれている森林文化は存在しているのでしょうか。結局は、私たちの自然との付き合い方そのものが問われてしまうのです。

日本では残念ながら、ドイツのように林業地としての森林はあまり身近な存在ではありません。ただ、一つの可能性として考えられる、今後も姿を変えない日本文化と森林との繋がりとしては、多くの人にとって鎮守の杜《もり》が思い浮かぶのではないでしょうか。

私自身、かつて先輩たちがつくった明治神宮の百年の森を、どのように未来の世代に引き継いでいけるか、現在造園学分野の研究者や実務家、行政職員、そして神職のみなさんと議論している最中です。この議論の中でも、今後日本の社会の中で鎮守の杜の位置付けはどうなっていくのだろうか、という話題がよく出ます。少なくとも、百年前に明治神宮の森が人工的に計画されつくられた当時と、現在の鎮守の杜を取り巻く状況は大きく変化しています。そして、この先百年も、これまで以上に社会は変化するでしょう。

しかしながら、明治神宮の内苑と外苑を見比べてみると、両者のこれまでの変化の違いは一目瞭然です。神宮球場や国立競技場など、時代と共に社会のニーズに応えて利用のされ方が変化してきた神宮外苑に比べれば、内苑はずっと鎮守の杜であり続けてきました。全国的にみると、鎮守の杜の多くが失われているのは事実です。しかし、少なくとも、鎮守の杜は日本の森林文化として今後も間違いなく生き続けていくのではないでしょうか。

もちろん、日本の生活と結びついた森林文化としては、里山という概念に代表されるように、屋敷林や防風林、海岸林や薪炭林など、さまざまな森が整備され長い間利用されてきました。その中には、「白砂青松」のように、美しい森として名所化しているものもあります。これらの多くは、百年という時代の変化を考えると、社会変化とともに急激に失われつつある利用のための森です。美しい森として積極的に維持していく場合には、こうした森の姿にも日本の樹木葬墓地の可能性がないわけではありません。

ドイツでは、百年後のお墓の位置付けは予想できないけれども、少なくとも百年間同じ姿を保ち続けられる空間として、身近にある混交林の森にお墓が結び付けられました。日本において百年間変わらない森があるとすれば、それはもしかしたら鎮守の杜かもしれません。

百年後の、私たちの森との付き合い方は予想できませんし、同様に、お墓との付き合い方は見当もつきません。しかし、鎮守の杜は少なくとも文化としてなくなることはないのかもしれない、そう思える時、そこにお墓を重ね合わせることで人々に安心感を与える可能性が生まれてくるのです。しかし、明治神宮の森に関わらせていただいて感じることは、鎮守の杜の維持も結局は神頼みではないということです。

もし、管理技術を含めた森林文化が引き継がれていかないのであれば、やはり残るは、お花見文化しかありません。日本人の大好きな桜の木との関わりとともに、花咲かじいさんのように遺灰をまいて枯れ木に花を咲かせるしかありません。

理想の森づくりを実現する担い手

樹木葬墓地の管理には、自然空間としての管理と、墓地空間としての管理の二つの側面が必要になります。自然空間としては、自然界にあるさまざまな時間のスケールに対応した持続的な管理が求められます。昼と夜、四季の変化、動植物の成長、森の植生変化。それ以外に、気候の温暖化なども含まれるかもしれません。

つまり、私たち人間の時間の流れ方とは異なる自然の時間の流れに対応した管理が必要になるということです。そうした自然の時間の流れに対応できる管理体制が求められることはもちろん、そのための知識や技術をもった人が関わることも求められます。

そして、こうした自然に関する理解は、樹木葬墓地の提供者側だけではなく、利用者側にも求められるのです。例えば、樹木葬墓地に寄せられる利用者からのクレームで最も多いのは、草刈りに関するものだとすでに述べました。つまり、手入れが行き届いておらず、自然の一部として野生化することに対する不満と言えます。

しかし、自然葬としての樹木葬墓地があまりにも手入れされすぎると、それは人工的なお墓となってしまいます。つまり、どれくらい手入れをするべきかという基準が曖昧であるという難しさがあります。また、お墓は、契約者と利用者が異なる場合が多く、自然葬としての樹木葬を生前契約で納得して購入された方は、すでにお墓の中に入ってしまっていて、残された遺族の方が自然葬について理解していない場合は、自然葬としての理念そのものが不満の対象となってしまうこともあるのです。

前章でも述べたように、「自然葬とは何か」を遺族や近隣住民にも説明し続けることが必要になります。自然葬や自然の理解があまり広まっていない現時点では、樹木葬は環境教育の側面を持っていることを忘れてはいけません。

そのためにも、ドイツと同様に、自然環境や森林のプロが樹木葬に関わることが必要になります。ドイツでは、森林官が樹木葬墓地の管理を行い、見学会の説明や樹木の選択のアドヴァイス、埋葬の手伝いまでを行うという話を紹介しました。日本においては、各地域にある森林組合との連携など、既存の林業従事者による森林管理を木材生産以外の業務に拡大するという可能性があります。このことが、林業の多角化にも貢献するとともに、樹木葬墓地の持続的な管理を可能にします。

墓地空間としての樹木葬の課題

樹木葬墓地は、自然空間としての側面と同時に、墓地空間としての側面からも考えていく必要があります。ドイツの樹木葬墓地では、自然葬としての性格を持ちながらも、人々が公園のように日々訪れ、余暇を楽しむ空間として利用されています。人がいない樹木葬墓地はただの不気味な森になってしまいます。

墓地は基本的には残された人たちのためにあるものです。近年、密葬や家族葬が一般的になり、友人や知人が葬儀に参列できないことも多くなってきました。葬儀が縮小する現在、地域ぐるみでの葬式は珍しくなり、家族葬だけでなく、お通夜や告別式もない直葬も増えています。葬儀に参列する人の数が減るということは、自分たちが友人や知人の葬式に参列することが難しくなっていることを意味しています。また、人口流動が進む中、遠方のため葬儀に駆けつけるのが難しいという人も多いのではないでしょうか。

そういった、葬儀に参列できない人たち、タイミングを逃した人たちが、唯一死後にその人を訪ねることができる場所として、墓地はますます重要になっていくと思われます。つまり、葬儀が縮小すればするほど、より多くの人にむけられた「おもてなしの空間」としてお墓は重要になってくると思われます。

しかしながら、現在の樹木葬墓地のデメリットとして、お墓参りに訪れた人に、どこに埋葬されているかがわからない、またはわかりづらいという点がよく挙げられます。実際には、樹木葬墓地によって、墓標を立てているところ、石のプレートをおくところ、洋風の墓石が並ぶところ、近くに故人の名前が連なる墓誌が置かれるところ、座標の数字やアルファベットのみが記されているところ、合葬墓として他の遺骨と混ざっているため本当に全くわからないところ、などなどさまざまです。

樹木葬が曖昧な概念のため、その形態にも大きな幅があることから、全ての樹木葬墓地にこの問題があるというわけではありません。また、当然ですが、匿名性をむしろメリットと感じている人もいて、これはあくまで既存の一般的なお墓と比べた時の相違点にすぎません。

埋葬箇所がわからないという状況にもいくつかのパターンがあります。「里山型」「樹林型」「ガーデン型」「シンボルツリー型」それぞれの樹木葬墓地でみていきましょう。

既存の森林を使う「里山型」で考えられるのは、墓碑が石のお墓に比べて小さく分かりづらかったり、文字が読みづらかったりして、見分けづらいという問題です。しかし、それ以上に、森に立っている木が埋葬箇所に対応するため、または一般的なお墓のように整然と並んだ区画に分かれていないため、目的のお墓が探しづらく迷ってしまうということがあるかもしれません。

更地に新たに森をつくっていく「樹林型」の中でも、区画に別れた一般的なお墓の墓碑が樹木に変わったタイプでは、上記のようなお墓そのものを探せないという問題は生じません。しかし、「シンボルツリー型」に似た、一定のエリアに埋葬が行われ、献花台などの参拝場所と分けられたタイプでは、目の前の埋葬エリアに広がる樹林全体がお墓とみなされ、具体的にその中のどの場所に埋葬されているかが将来的にはわからなくなります。

「ガーデン型」は、一般的なお墓の墓碑の形が洋風になり、花や樹木で飾られたり、配置が工夫されたりしたものなので、既存の墓地とさほど変わらずメリットもデメリットもないかもしれません。

「シンボルツリー型」は、既に述べたように、埋葬エリアと献花台が別れているのが特徴です。整地された芝生の埋葬エリアに座標に従って目に見えない区画が切ってあって、遺骨が埋葬されている地点が遺族だけには分かるかもしれません。しかし、基本的にはシンボルツリーが立っているので、その樹木に対して献花台からお参りをするというのが一般的です。

故人の名前が刻まれている墓誌が立っている場合は、誰もが訪れて故人のお墓であることを確認しお参りすることができますが、墓誌などがなく、名前を確認できない場合は、どこか迷ってしまって、お参りすることが難しい場合もあるかもしれません。

埋葬義務と遺骨の扱いについての課題

以上は、既存の墓地と比べた場合の樹木葬墓地の形態的な特徴の違いですが、ここからは、近年の墓地ニーズの多様化と樹木葬墓地の仕組みの対応についてもう少し深く見ていきましょう。

ドイツと比べて、日本のお墓がこれほどまでに多様化するのはなぜでしょうか。茨城キリスト教大学の森謙二氏は、ドイツでは土葬にせよ火葬にせよ、埋葬までが義務になっているのに対し、日本では法律上、火葬した遺骨は承継者の所有物となるという点が決定的な違いであると指摘しています。

ドイツでは埋葬するまでを社会が保証し、お墓のあり方が社会においてある程度共有されていると言えます。また、ドイツでは「死後の安息」も人の権利として考えられています。死後、勝手に遺骨を移動させられたりすることなく、その場所に眠り続けることは、死者の権利という考え方です。もちろん、さまざまな事情から、改葬されることが全くないわけではないようですが、基本的な考え方として一度埋葬した遺骨は移動させないのが一般的だそうです。

それに対し、日本のお墓は、遺骨の「処理」をどのようにするかは個人の自由に任されていると言えるでしょう。このことが、多様な墓の形態だけでなく、お墓の位置付け、遺骨の取り扱いそのものを多様にしていると考えられます。

それにもかかわらず、日本には家族墓の伝統がまだまだ根強く残っていて、今まさに、その伝統がすごい勢いで崩れている最中です。つまり、遺骨の取り扱いに関して自由度が高い一方で、お墓が存在してしまうと残された子孫が引き継がなくてはならないという考えも強いので、「子供たちに迷惑をかけないように、今のうちに墓じまいしよう」となったり、または葬送の自由が進む中、生前に墓地を契約した故人のニーズと、参拝に訪れる遺族のニーズとの間のギャップからトラブルが生じることが多くなったりするのです。

樹木葬をはじめとする自然葬では、原則として後から改葬ができません。このことで、後々親族の中でのトラブルになることも少なくないようです。樹木葬墓地の中には、完全に土に帰るので改葬は不可能とするところや、埋葬箇所の土を移すことで改葬とするところ、そもそも遺骨が土に還らない骨つぼやカロートを用いるため、改葬可能としているところなど、改葬の希望に対する対応はさまざまです。

樹木葬墓地ごとの条件をきちんと理解した上で契約することが大切ですが、後に起こる遺族のトラブルについては、樹木葬墓地そのものというよりも、私たちの家族内のコミュニケーション不足に由来する課題かもしれません。

樹木葬墓地の二極化

遺骨の取り扱いについて自由度の高い日本では、人々のニーズに応じてさまざまなスタイルの納骨堂やお墓が開発されています。しかも、家や土地などの不動産なら、遺族が売却することもできますが、お墓というのはなかなかそうもいきません。後世に大きな負担を残しかねないと思うと、ますますその選択は慎重にならざるを得ません。葬送の自由が進むことは、このような自己決定を求められることに他ならないのです。

近年は、「永代供養」の墓地が人気を博しています。お墓を承継する跡継ぎがいなくなっても、お墓が守られることの安心感を買っていると言えます。実際には、未来永劫お墓が残るのではなく、ある一定期間がたつと合祀されるものが一般です。

しかし、もし過去から現在までの、全ての人間のお墓が存在し続けていたら、地球上はどれほどのお墓で埋め尽くされることになるでしょうか。そう考えると、自分のお墓がいつかなくなるというのは当然のことのような気もします。自分のお墓で永遠に地球上の有限な空間を占有し続けたいというのが、いかにわがままな欲求であり幻想であるかに気付かされるのではないでしょうか。

一方で、お墓を残したくないという理由から、自然葬が選ばれるケースも多くなっています。生前の思い出から、特定の海や山などの場所に散骨を希望される方もいらっしゃると思います。散骨が安価であるという理由から選ばれるケースも少なくないようです。遺骨の悩みを将来にわたって抱えたくない、お墓を持ちたくない、そうした理由から、遺骨を処分するために散骨を選ぶ方もいらっしゃいます。そして、こうした散骨の代用として樹木葬墓地が選ばれることもあります。もちろん、個人のさまざまな事情から、お墓を用意できない場合もあると思います。こうした方々を受け入れられるような樹木葬墓地も、現実としてきちんと整備する必要があります。こうした理由から全国に広がっているのが、シンボルツリー型の樹木葬墓地でしょう。

今では樹木葬といえばシンボルツリー型と社会的にも認識されつつあります。問題は、これまで身寄りのない人のための無縁塔としての合葬墓と、低価格のシンボルツリー型樹木葬が区別されなくなっているということです。全く異なるニーズの遺骨が、一緒に合祀されてしまうため、樹木葬希望者の中にもこうした形態に抵抗を感じている人はとても多いのです。しかし、他に選択肢がないためにこうしたシンボルツリー型の樹木葬墓地を選ばざるを得ない人も少なくありません。

ニーズに応じて多様化していた樹木葬墓地も、今では当初の自然葬としての樹木葬墓地と、こうした合祀型の共同墓としての樹木葬墓地の二極化がますます顕著になっています。このことは、墓地への多様化するニーズと、実際に提供される樹木葬墓地とのギャップが広がっていっていることを意味している可能性もあります。

墓地の「二〇二五年問題」

「二〇二五年問題」と呼ばれる、団塊の世代が後期高齢者である七五歳を迎えるときが、墓地ニーズのピークであるとの見方があります。

高齢化社会の次に多死社会がやってくると言われていますが、実際に自らのお墓を選ぶ終活は、本人が元気でないとできません。そのため、高齢者が生前契約でご自身の墓地を購入するピークは二〇二五年頃で、その後は、墓地選びの主体が残される遺族に移っていくだろうという意味です。

本人が生前契約で墓地を選ぶ条件と、遺族が墓参などを考慮して墓地を選ぶ条件は明らかに異なると考えられ、墓地はより簡素化していくと予想されます。つまり、樹木葬墓地に関しては、都市型のシンボルツリー型の樹木葬墓地が、このままいくと増加していくのかもしれません。今、このタイミングで、墓地のあり方を真剣に検討しないと、あと一〇年以内に今後の墓地の方向性はほとんど決まってしまい、手遅れになってしまうかもしれません。

ドイツでは、墓地は公園と同様の性格を持った施設という認識が強く、効率性や収益性が日本ほどは求められていません。こうした、根本的な墓地空間の性格の違いがあることに気付かされます。その背景には、やはり、「死者の尊厳」が効率性や収益性によって損なわれてはならないという暗黙の了解があるのだと思います。

こうして樹木葬墓地の調査をしている私のパソコンでは、インターネット検索をするたびに、ひっきりなしにお墓のターゲティング広告が画面の片隅に現れます。そんなネット広告の宣伝文句を眺めながら、どうしても日本のお墓の位置付けが変な方向に向かっている気がしてならないのです。こうしたお墓の性格が変わらない限りは、ドイツのような森を使った樹木葬墓地が実現し、そんなお墓を人々が日常的に訪れるという日は来ないのかもしれません。

環境遺産としてのお墓

現在の終活ブームの中で、多くの方が、自分の終の住処をどのように用意するか、という視点でお墓選びを進めていると思われます。新聞広告に並ぶお墓の一覧を見ても、立地や機能、サービスや条件などが記され、その宣伝文句はマンション広告と見分けがつかないほどです。まさに人生最期の不動産購入の様相を呈していますが、選択肢が増えれば増えるほどその中から一つを選ぶことは難しくなっていきます。

墓地の生前契約を行う本人が、どのようなサービスを享受したいかというお墓選びの感覚から、残された人々にどのような空間を遺したいかという感覚への価値転換が進んだ時、お墓の選び方は大きく変わると思われます。

ヨーロッパの街並みが美しいと感じるのは、まさに、自分たちの世代だけでなく、未来の世代に歴史や空間を引き継いでいくという公共性が社会に文化として根付いているからです。環境を自分だけでなく、未来の世代に引き継ぐという持続的な思考が少しずつ一般に広まりつつある現在、お墓の選び方も徐々に変化していくのではないかと予想されます。


お墓選びを、終の住処の不動産購入から、後世に遺す環境遺産へと変化させるには、どうすれば良いのでしょうか。「人は生きたように死んでいく」と言います。自分たちの現世との関わり合い方、家族との関係性、先祖との関係性、遺族との関係性、社会との関係性が結局は墓地空間にも表れていると言えます。

その意味で、現在進行している墓地のあり方は、大きく分けると二種類の方向性で検討する必要があります。一つは、遺族や残された人との個人的な関係性を感じることができる参拝空間としての墓地です。参拝者が故人と向き合える親密さとプライバシーの保護などについても十分な配慮が必要です。

日本では、いまだに他人の遺骨と一緒に埋葬されることに抵抗を感じる人は少なくありません。実はドイツでも同様の傾向は今でも強いそうです。公共性のある空間の中で、個人的な参拝が可能な墓標の形態と配置のあり方がさらに検討される必要があります。

具体的には、遺骨が個別に埋葬されること、埋葬箇所が墓参に訪れた人にも分かるように、埋葬者が特定できる墓碑に代わるものを設置することが求められます。そして、亡くなった方に個人的に語りかけられるような距離感や空間の規模、分節などのデザインの工夫が必要ではないでしょうか。

日本で最初に樹木葬を始めた岩手県の知勝院でも、当初は一切の人工物を排除した自然葬としての里山墓地を考えていましたが、やはり墓参に訪れる方が、故人を偲ぶことができる何かしらの形を求めていたことから、最小限の木製の木札に名前を記し、植樹した苗の近くに立てたそうです。従来の石という素材に限らず、墓参を前提とする墓地においては、こうした故人と自然を繋ぐ、何かしらの装置がやはり必要なのかもしれません。

そして二つ目が、無縁社会に対応した、福祉的な視点からのセーフティーネットとして整備される合葬墓や無名墓地の整備です。ドイツでは、埋葬までが義務付けられているため、逆を返すと、誰もが埋葬される権利を有していることになります。そのため、社会的なセーフティーネットとしての無名墓地が整備されているのが一般的です。

近年では、墓地の中に散骨専用の区画があるところも見られます。無名墓地は、合葬型共同墓の自然葬バージョンと言っても良いでしょう。お墓として個別に埋葬されることを望まず、墓碑に名前も残さないで、見知らぬ人々と一緒に眠るというスタイルです。墓地内に整備された芝生であったり、花壇であったり、木立や森であったりに粉末状にされた遺骨が撒かれます。もちろんこうした無名墓地の区画も、墓地の管理者によって、その墓地に応じた管理が行われます。

散骨専用区画の人工的な共同墓との違いは、遺骨の許容量に制限がない点です。いくら遺骨を受け入れても、満杯になることはありません。もちろん、後から改葬したいとか遺骨を引き取りたいといった要望は一切受け入れられません。今後、散骨の法的な位置付けが明確になった際には、福祉的な視点からこうした形態の墓地も検討する必要があると考えられます。

多様な人が共存できる墓地空間

以上のように、現在日本で進行している墓地の変化から将来を考えてみると、ドイツの樹木葬墓地の面白さが改めて認識されます。

承継者の有無によって、場合分けして墓地の形態を考えること自体が本来はおかしなことなのかもしれません。墓地とは本来、多様な人が共存できる空間である必要があります。それは、私たちが生きている都市や地域空間と同様です。豊かな人も貧しい人も、あらゆる思想や宗教、文化やモラルを持った人たちがまちに暮らしています。

ドイツの樹木葬墓地は、個人墓の木、家族墓の木、共同墓の木のような形で、さまざまな使われ方の木がありますが、それらの種類に見た目の違いは全くありません。こうした多様な埋葬者が、等しく森の木の下に埋まっていて、森の中で共存しています。こうした、多様な人が共存できる墓地空間のあり方が求められるのではないでしょうか。

自然葬を考えるということは、本来、こうした社会的な属性に縛られることなく、誰もが等しく自然の一部として埋葬されることなのかもしれません。現在二極化しつつある日本の樹木葬墓地ですが、もしかしたら森林を活用した樹木葬墓地によって、それらを統合していく可能性があるかもしれません。

このことは、承継者の有無にかかわらず、後世の社会に環境遺産を遺していき、その積み重ねとして環境を整備していくという考えに他なりません。こうして、私たちの歴史は繋がっていくのです。

こうした、公共意識と結びついた形で、公共空間としての墓地が整備されていくのでしょう。このような視点から見ると、ドイツに見られる歴史的街並みにも、人が余暇で過ごす墓地にも共通した意識がその根底に流れていることに気づかされます。

都市への人口流出と墓地の都市集中

樹木葬墓地を、自然空間、墓地空間として見てきましたが、もう一つ、より広い地域やふるさとの視点で見ていくことが求められます。社会が流動化することによって、私たちの居住地も固定的ではなくなってきました。ふるさとの位置付けが曖昧になってきた現在、お墓はいったいどこにあるべきかという議論が出てきます。

流動化する社会で、都市への人口集中もいまだに続いています。ライフステージに合わせて異なる地域に居住する人も増えていて、ある場所で生まれてから生活し続け、そこで亡くなるという人はますます少なくなっています。

私自身も父親の転勤で引っ越しを繰り返す、いわゆる転勤族の家庭で育ちました。そのため、今でも「出身地」や「ふるさと」を尋ねられるといつも困ってしまいます。同じように、自分のふるさとがどこなのかがわからない、ふるさとを失った人も多いのではないでしょうか。

こうした現代社会における「ふるさと」を考えてみると、その憧憬はますます強くなっているように思います。そして、それは意外と、お墓がある場所なのかもしれません。

墓地を管理する者がいなくなるというのは、実際に子供や家族といった承継者がいないという場合と、墓地を管理できる人が近くに住んでいないという場合とがあります。地域を超えて維持できるお墓の形を考えることは、今更新しいことではありません。しかし、これまではなんとか維持されてきた遠隔地の墓地が、もはや限界にきています。その結果が、無縁墳墓の増加であると言えます。そして、無縁墳墓になる前にお墓を改葬するために、墓じまいが加速しているという現実があります。

そう考えると、今後ますます人口減少が加速する中で、この傾向を止めることは不可能でしょう。そのため、これまでとは異なる形で、地域と人を繋ぐ墓地のあり方を検討していく必要があると思われます。

樹木葬墓地は、こうした墓じまいの手段として用いられることが多く、特にその際には合葬式の都市型樹木葬墓地が選択される傾向が強くなっていることは繰り返し述べました。しかし、こうした樹木葬の整備も、大都市に限られ、地域にはいまだに墓じまいの選択肢がほとんど用意されていません。実際には、都市への人口流出に伴い、お墓のお引っ越しも行われ、墓地の都市集中が起きている状況です。つまり、生きている人も死んでいる人も都市に集まってきているのです。

日本は国土の七割を占める森林が活用できていない

樹木葬は、自然資源の有効活用という側面を持っています。しかし、日本の樹木葬墓地は、自然環境の保全や活用にほとんど繋がっていません。国土の七割を森林が占めている日本においては、森林活用の手段としても樹木葬墓地は大きな可能性を持っていると言えます。

ドイツの樹木葬が、国有林から始まったのは、林業の赤字補填が目的であり、その後、樹木葬は森林経営の多角化として公有林だけでなく、民有林においても注目されるようになりました。九九年契約で樹木葬墓地の森林が利用されるドイツでは、これらの樹木葬墓地エリアは、その後自然保護区域として保全され続けられるだろうと言われています。一方で、日本の樹木葬墓地は、これまで繰り返し述べてきたように、どちらかというと都市化する傾向があります。都市近郊に自然要素を取り入れた墓地は増えるけれども、森林そのものが利用されることが少なくなってきています。このことは、本来樹木葬墓地が持っていた可能性を全く発揮できていないことを意味しています。

樹木葬墓地が墓地の延長としてだけ捉えられるのではなく、地域の自然環境の整備や活用を目的に行われるようになれば、現在とは異なる視点から樹木葬墓地が位置付けられていくようになると思われます。しかし、それを阻んでいるのが土地利用に関する法律の違いです。ドイツでは既存の森林が樹木葬墓地として使われても、その土地は「森林」のままであり続け、その利用が「埋葬地」となるだけです。つまり、森林が墓地として利用されても、長期的には森林のままであり、森林法などが適用され続けるのです。

それに対して、日本では、一度「墓地」となった森林は、既に土地利用としては「森林」ではなくなってしまうため、森林管理の手段として樹木葬を用いることができないという法制度上の問題があるのです。森林伐採による開発を伴わない樹木葬墓地は「森林」のままで取り扱うという新たな解釈が必要となります。それは散骨同様、既存の法律で想定してこなかった新たな土地利用をどう解釈するかという問題です。

ふるさととしてのお墓

宗教離れから公営墓地の人気が高まっていますが、住民の税金で整備、運営される公営墓地は、基本的には住民に対して提供されるものになっています。

しかし、地域内の墓地の需要と供給のバランスを保ちながらも、地域外からの人を対象とした墓地のあり方も、交流人口の拡大という視点から十分に検討する必要があります。

東京都の小平霊園で樹木葬墓地が始まった二〇一二年、その倍率が一六・三倍となったことが話題となりました。公営墓地は費用が安く抑えられるなどの理由から、人気が高いようです。

しかし、日本の公営墓地の利用者は、地方自治体の場合、その行政区の中の住民であったり、一定期間の居住歴、遺族の居住地だったりが条件になる場合が多いようです。簡単にいってしまうと、ご自身か家族が住んでいる地域の公営墓地にしか入れないのが一般的なのです。

このことは裏を返すと、ふるさとを出て移住先で亡くなった人は、自分のふるさとの公営墓地に入れないケースが多く生じるということです。例えば、子供が都市に住んでいて、高齢化した両親が子供の元に移り住んで亡くなった場合、ふるさとの公営墓地に入る権利がなくなっていることもあるのです。

公営墓地が税金で賄われていることを考えると、当然と思われるかもしれません。しかし、ドイツにおいては、新たに開設される樹木葬墓地については、行政が整備する場合であっても、地域外からの利用者を前提としています。既存の公共墓地とは異なる、住民以外を対象とする公営墓地なのです。既にドイツの事例で見たように、地域振興や観光による交流人口の拡大という視点から樹木葬墓地が整備されることもあります。

今後は、ふるさとにお墓をつくるのではなく、お墓のある場所が一家のふるさとになる時代が来るかもしれません。全国に散った家族が帰省できる実家やふるさとがなくなったとき、せめて旅行がてら年に一度は家族が集まれるお墓というのは、どのような場所につくられるべきでしょうか。今後の墓参は、観光と結びついていくと考えられます。

人口の都市流出に伴う墓地の都市集中を止め、都市と地方を繋ぐ墓地のあり方を、交流人口の拡大や、地域の自然資源の活用といった観点から検討していくことが求められます。

歴史と共存するまちのあり方の見直し

人が生きた証しとしての墓地空間を、どのように私たちの生活空間と共存させていけるかは、今後の成熟化した社会における都市空間整備において重要な課題です。

社会の成熟化とともに、ワークライフバランスへの関心が高まり、長寿命化も相まって、近年は余暇の過ごし方、さらには余生の過ごし方、終末の迎え方を考える人が増えてきています。自らの死との向き合い方に関する話題が身の回りに溢れるようになり、生と死の境界が再び私たちの生活の中で少しは身近なものになりつつあります。

このことはまるで、脱自動車社会の傾向とも似ているのではないでしょうか。近代化の中で自動車が発明され、私たちの生活が自動車中心になっていくに従い、生活環境も自動車を中心として変化していきました。今ではすっかり車中心社会です。

しかし、社会の成熟化に伴い、改めて歩行者を中心とした都市空間のあり方が再検討されるようになってきました。歩行者天国が増えたり、路面電車が見直されたり、だれもが歩いて移動できるバリアフリー化も進んでいます。このように、近代化の中で推し進められた、効率を重視する価値観からの揺り戻しが、社会の成熟化の中で少しずつ進み、生活環境の見直しが徐々に進んでいるのです。

これはまさに、死者の尊厳とどのように向き合っていくかというテーマとも結びついています。近代化と共に世界から追いやられてきた死者が、再び私たちの生活の中に入り込んでくる世界では、歴史の見え方も身近なものに変わっていきます。変わるものと変わらないものが共存するまちの景色のあり方が歴史文化として共有され、私たちの生活環境の中に根付いていくことでしょう。

余暇空間として墓地が整備され、歴史と共存するまちのあり方として生活環境と墓地が結びついていった時、私たちの死の捉え方も変化していくと考えられます。慌ただしい時間の流れの中で、ふと立ち止まって、普段は気にかけない、歴史の中の自分の存在を自覚しやすくなるのです。

無縁社会におびえるとき、お墓は本来、そんな不安を取り除いてくれるものなのではないでしょうか。未来に渡ってお墓を管理してくれる子孫がいるかはわからなくても、少なくとも、誰にだって必ず先祖がいることは間違いありません。今、私たちがここに存在していることが何よりの証拠です。その繋がりを意識できるのがお墓の存在です。死を、今自分が存在している生の前提としての命の連鎖として受け入れられると、私たちから少しは無縁社会の不安が取り除かれ、より幸せに生きていける社会になっていくのではないでしょうか。

死のセーフティーネット

墓地の問題は地域の行政が責任を持つべき重要課題として認識されつつあります。すでにご紹介したように、ドイツでは最終的な埋葬までが義務付けられています。このことは、万人が埋葬までの権利を有していることを意味します。

それに対し、日本では、火葬後の焼骨の埋蔵については、法律で義務付けられていません。そのため、手元供養や、遺骨を保持しながら時間をかけてお墓を探すということが可能になります。遺骨はあるけれど、これをどうしたらよいかで途方に暮れてしまうという状況も生じてしまうのです。いわゆる「お墓難民」が発生してしまうのもこのためです。

現在では、お墓難民に該当する人が亡くなる方の約一割もいるそうです。その半分が、身元が不明などの理由で遺骨の引き取り手がいらっしゃらない方、そして残りの半分は、遺骨の引き取りを拒否された方です。こうしたお墓難民を少しでも減らすために、地域の行政が、社会福祉的な視点からまだできることがあるはずです。

近年の行政の動きで注目に値するのは、熊本県の取り組みです。現在の社会状況を踏まえ、墓地行政を、「住民の生涯を通した安心を実現する政策」として位置付け直しています。その中で墓地を「地域を愛した人々の生きた証しが残る地域の大切な空間」として、地域全体で守り無縁化の不安がない新しい墓地のあり方を検討しています。自分が生まれ育ったふるさとに生きた証しを残したい、遠く離れた故郷とのつながりを持っていたいという郷土への愛着や思いを実現する墓地整備や、地域のシンボルとなるような場所での墓地整備、単身世帯者や跡継ぎが遠方にいる人などの遺骨を、最後は行政がしっかりと守るという、セーフティーネットの視点からの墓地整備が研究対象となっています。

このほか、横須賀市のエンディングプラン・サポート事業なども、行政による終活支援事業の先進事例として注目されています。こうした取り組みが、全国の行政で進めば、地域が責任を持って住民の遺骨を引き取ってふるさとに帰してあげるような仕組みまでもが実現できるかもしれません。

これは、現在多くの自治体が行っている、身元不詳な人々の遺骨を無縁仏として自治体の合葬墓に埋葬するというセーフティーネットとは全く異なります。死者の尊厳をまもる福祉制度がさらに充実したとき、現在の合葬式樹木葬墓地の姿も異なるものになるかもしれません。

樹木葬墓地でまちおこし

地域内での福祉事業としてだけでなく、地域外にも目を向けたお墓の位置付けも考えられます。ドイツの樹木葬墓地は、「墓参をピクニックに変える」という考え方で整備されていましたが、地域の観光施設や観光地と結びつくことで、地域全体の観光という視点からも注目されています。

実際に、地域振興を目的として、地方自治体が樹木葬墓地を開設した旧東ドイツの過疎地域の事例も紹介しました。墓参と旅行を結びつける「墓参旅行」という考え方は、日本でもあるようです。近年は、都心の墓地や納骨堂では積極的に観光との結びつきが宣伝文句に使われているようです。観光のあり方が変化している現在においては、墓地から今後の観光を考えていくことができるかもしれません。

ドイツでは、既に全ての州で法律改正が済み、全国で合法的に森林が墓地として利用できる状況が整っています。日本においても、平成二四年より墓地埋葬法における墓地の経営許可は市に移譲されるなど、墓地埋葬行政の地方分権化が進んでいます。そのため、自治体が中心となって、交流人口拡大や地方創生といった視点も含めて、地域にとってどのようにお墓を整備し、運営していくかを検討していくことが重要になっています。

現在でも既に、ふるさと納税の返礼品として、墓地の清掃を実施している自治体もあります。遠く離れていても、お墓を介して地域が都市とつながる取り組みはまだまだ発展の余地がありそうです。ふるさとにお墓を残す手段の一つとして、管理不要の樹木葬墓地への移行が、都市とふるさととしての地域を結びつけるものとして今後発展していくかもしれません。

日本の樹木葬のこれから

ここ最近、樹木葬墓地の現状をさまざまな形で皆さんにお伝えする機会が増えるほど、ドイツのような、森をつかった樹木葬墓地を実現したいという思いに共感してくださる方も増えてきました。中には、自分の所有する山林を使ってほしいとおっしゃってくれる方、NPOなどの団体の会員を対象に、そうした樹木葬墓地を提供したいとおっしゃる方、さらには、自分たちで山林を取得し、そのような樹木葬墓地を実現したいと検討を始めた方々もいらっしゃいます。

こうした皆さんと、森を使った樹木葬墓地について具体的に検討を始めると、意外にもさまざまなハードルがあることに気付かされます。民間の方が、郷土愛を持って地元のために森を活用して樹木葬墓地をつくりたいと思っても、単独で墓地経営の許可を受けることはできません。

自治体や宗教法人、公益法人といった、墓地経営主体となりうる団体以外で今後樹木葬墓地を始めることは可能なのでしょうか。社会における墓地の位置付けが変化していく時、その経営のあり方も変化していくのでしょうか。

すでに述べたように、ドイツでは、私有地である民有林であっても、行政の指導監督契約を結ぶことで、墓地としての整備が可能になる制度があります。こうした制度が日本でも実現すれば、日本の森林所有者が、自分たちが所有する森林を有効活用することが可能になります。日本の林業経済を刺激するという意味においても、日本の森林資源の活用を可能にする制度設計が求められるでしょう。今後、森林環境税の導入にあわせて、森林の活用手段の一つとして樹木葬墓地という選択肢があっても良いのではないでしょうか。税金を介した漠然とした環境との繋がりだけでなく、お墓を介した自分ごととしての森との関係性が再構築されることでしょう。まさに、森におカネとヒトが流れる仕組みです。

全国の森林で、共通した仕組みの樹木葬を展開し、人々にとってわかりやすい共通のサービスを提供するには、全国的な運営会社の存在も必要かもしれません。ドイツの樹木葬墓地は、新たに立ち上がった、民間の運営会社によって考案され、国有林や地方自治体の公有林を中心に広がっていきました。日本においても、墓地の民間運営会社も増えており、公営墓地の指定管理者を務めることも増えています。しかし、自然と墓地の両方を理解した樹木葬を専門とする運営会社というのはまだ日本に見られません。今後、樹木葬のノウハウが全国で共有され、サービスが向上していくためには、ドイツで展開したような樹木葬を専門とする運営会社の存在も必要でしょう。

こうした、自然空間であり、墓地空間、さらに地域資源を活用しながら地域と人をふるさとで繋ぐような樹木葬墓地が、日本でも増えていくことを心から願っています。私自身もこれまで多くの自治体や宗教法人から相談を受けてきましたが、森林を利用したドイツのような樹木葬墓地の実現にはもう少し時間がかかりそうです。ドイツのフリードヴァルト創設者、バウダッハ氏が全国の森林を探し回ったように、もしかしたら一つ成功例ができた時には、瞬く間に全国に広がるのかもしれません。

おわりに

日本とドイツの樹木葬墓地を訪ね歩きながら、すでに一〇年近くがたとうとしています。森林と景観の研究者として歩み始めた自分は、気づけばお墓の研究者として認知されるようになっていました。その過程では、多くの方と出会い、ご協力いただき、そして時に励ましていただいてきました。

最初に樹木葬墓地との出会いをつくってくれたのは、ドイツ留学中にラインハルツヴァルトで調査にご協力いただいていた元森林官のヘルマン・ヨーゼフ・ラップ氏でした。そして、日本の樹木葬の存在を教えてくれ、知勝院の千坂住職を紹介してくれたのは、当時東大にいた韓国からの留学生、キム・ヤンヒさんでした。

当初は、現代社会における森の新たな活用方法として樹木葬に興味をもち、日本とドイツで比較してみようという単純な動機でした。日本学術振興会の科学研究費助成をいただき、「樹木葬墓地にみる新たな森林利用の日独比較研究」(2010-2012)を行う機会を得ました。日独両国の樹木葬墓地を訪れ、主にインタビュー調査を行いました。調査では、ドイツ埋葬文化博物館のゲロルド・エプラー氏をはじめ、たくさんの日独の樹木葬墓地関係者にご協力をいただきました。この場を借りてお礼申し上げます。

両国の樹木葬墓地の比較を通して、現代社会と森林の新たな関係性が、文化的な違いと共に見えてくるのではないか、そんな期待を持ちながら調査を進めました。しかし、そんな期待とは裏腹に、日本で樹木葬が拡大していく中、ドイツと比較できるような、新たな森林利用としての樹木葬墓地はほとんど見られませんでした。日本の樹木葬墓地は、どちらかというと都市化の傾向があり、ドイツのものとはかけ離れた方向に進んでいることが分かってきたのです。まさに、「ドイツは森をお墓にしたのに対して、日本はお墓が森っぽくなった」という違いです。

研究助成期間が終わり、次の研究テーマを考えている時に、北海道新聞の福田淳一氏の取材を受けました。その際、「樹木葬研究をやめてしまうのはもったいない。社会的なニーズは高まっているので、ぜひ世の中のためにこの研究は続けた方が良い」そんな助言をいただき、再びこの研究に取り組む後押しをいただきました。

日本にドイツのような森を使った樹木葬墓地がないのであれば、どうやったら自分でつくれるのかを研究すれば良い。そんな新たな思いを持って、再び日本学術振興会の科学研究費助成をいただき、「森林利用型樹木葬墓地の導入可能性と課題に関する研究」(2014-2016)に取り組みました。

新しくお墓をつくりだそうという実践的な研究なので、当然、多くの方にご協力をお願いする必要が出てきました。北海道新聞の福田氏をはじめ、NPO法人「北海道に森を創る会」の石子彭培理事長やNPO法人「葬送を考える市民の会」の澤知里代表理事には、社会発信の機会を与えていただいたり、多くの方をご紹介いただいたりと、社会実践として研究を進めるにあたってのご協力をいただきました。そこから、終活セミナーなどで講演を頼まれる機会が増え、それを通して樹木葬墓地に関するご相談をいただくことも増えてきました。

地域を実際に訪れては、森を見せてもらったり、行政の方々に相談したりと、樹木葬墓地開設にむけた可能性や、その際の課題について整理するという調査を行いました。お墓に関して素人である自分は、お墓業界やお墓研究という側面からも茨城キリスト教大学の森謙二教授、東洋大学の井上治代教授をはじめ、多くの方にご助言をいただきました。また、知勝院の千坂𡸴峰元住職、真光寺を訪れた時に偶然再会した、学生時代のアルバイトの先輩、株式会社ソマの椎野靖浩氏をはじめ、さらに多くの日独の樹木葬墓地関係者にもお世話になりました。ここで全ての方のお名前を挙げることはできませんが、この場を借りてお礼申し上げます。

森林を利用した樹木葬墓地の実現にむけ、ようやく課題が明らかになったところです。世の中に成果を残すには、これからさらに研究と実践を続けていかなくてはなりません。今年度から再び、科学研究費助成をいただき、「新たな森林利用としての樹木葬墓地の実効性に関する研究」（2018-2020予定）を進めていきます。これからも、さらに多くの方にご協力をお願いしながら、樹木葬墓地の実践を通して、今の私たちの自然との付き合い方、森との付き合い方、家族との付き合い方、社会との付き合い方、生活環境との付き合い方、現世だけでなく死んだ後の後世との付き合い方、死との付き合い方などなど、あらゆる関係性についても探っていきたいと思っています。この場を借りて、これからお世話になる皆さまにあらかじめご協力のお願いとお礼を申し上げたいと思います。

本書は、最近機会が増えた講演の際にお話ししている、日本とドイツの樹木葬墓地の現状についての内容を中心に、普段十分伝えきれていない自分の考えや思いを盛り込んだ構成となっています。また、一連の研究を通して得た、研究論文としては発表できない、私自身の体験やエピソードなどを積極的に加筆しました。読者の皆さんにも樹木葬墓地の現場の様子や、研究を進める臨場感が少しでも伝わればと思ったのですが、この試みがうまくいったかは読者の皆さんのご判断にお任せしたいと思います。

最後に、本書の執筆を強く勧めていただいた東大の大先輩であり、北大の同僚である真板昭夫教授、執筆にあたって多くの助言をいただいたスタジオ大四畳半の大谷智通氏、そして旬報社の熊谷満氏には大変お世話になりました。心より感謝いたします。

平成三〇年六月　上田裕文

［参考文献］

Assig, Sylvie (2007)「Waldesruh statt Gottesacker –Der Friedwald als neues Bestattungskonzept Eine Kulturwissenschaftliche Spurensuche」ibidem Verlag
Stölb, Wilhelm (2012)「Waldästhetik」Verlag Kessel.
Eppler, Gerold (2005)「Zurück zu den Wurzeln –Die praktischen Seiten eines Mythos」Friedhof und Denkmal: Arbeitsgemeinschaft Friedhof und Denkmal e.V..
Frevert, Sylvia (2010)「FriedWald –Die Bestattungsalternative」Gütersloher Verlaghaus.
Happe, Barbara (2010)「Friedhof Nein Danke –FriedWald, RuheForst und andere Wald- oder "Naturbestattungen"」Friedhof und Denkmal.: Arbeitsgemeinschaft Friedhof und Denkmal e.V..

アリエス・P (1983) 1975 伊藤晃・成瀬駒男訳「死と歴史　西欧中世から現代へ」みすず書房
アリエス・P (1990) 1983 福井憲彦訳「死の文化史　ひとは死をどのように生きたか」日本エディタースクール出版部
今泉宜子 (2013)「明治神宮　「伝統」を創った大プロジェクト」新潮社
上田正昭 (2012)「死を見つめて生きる　日本人の自然観と死生観」角川選書
ヴォールレーベン・P (2017) 2015 長谷川圭訳「樹木たちの知られざる生活　森林管理官が聴いた森の声」早川書房
北村昌美 (1995)「森林と日本人　森の心に迫る」小学館
鯖田豊之 (1990)「火葬の文化」新潮社

千坂嵃峰（2010）「樹木葬和尚の自然再生　久保川イーハトーブ世界への誘い」地人書館
武田史郎（2008）「イギリス自然葬地とランドスケープ　場所性の創出とデザイン」昭和堂
ニスベット・R・E（2004）2003　村本由紀子訳「木を見る西洋人森を見る東洋人　思考の違いはいかにして生まれるか」ダイヤモンド社
ハーゼル・K（1996）1985　山縣光晶訳「森が語るドイツの歴史」築地書館
福田淳一（2015）「北海道就活がわかる本」北海道新聞社
ヘルマント・J（1999）1993　山縣光晶訳「森なしには生きられない　ヨーロッパ・自然美とエコロジーの文化史」築地書館
槇村久子（2013）「お墓の社会学　社会が変わるとお墓も変わる」晃洋書房
槇村久子（1996）「お墓と家族」朱鷺書房
森謙二（1993）「墓と葬送の社会史」講談社
森謙二（2000）「墓と葬送の現在　祖先祭祀から葬送の自由へ」東京堂出版
森茂（2009）「世界の葬送・墓地　法とその背景」法律文化社
森涼子（2016）「グリム童話と森　ドイツ環境意識を育んだ「森は私たちのもの」の伝統」築地書館
山田真也（2007）「現代日本の死と葬儀　葬祭業の展開と死生観の変容」東京大学出版会
レーマン・A（2005）1999　識名章喜・大渕知直訳「森のフォークロア　ドイツ人の自然観と森林文化」法政大学出版会

上田裕文（うえだ・ひろふみ）
1978年北海道留萌市生まれ。北海道大学准教授。東京大学農学部卒、東京大学大学院農学生命科学研究科森林科学専攻修了。ドイツ・カッセル大学で経済社会科学博士を取得。専門は風景計画。樹木葬の先進地ドイツに学び、日本らしい樹木葬の在り方について提言を続けている。著書に『The Image of the Forest』(Südwestdeutsche Verlag für Hochschulschriften、2010)、『まちづくりのための北のガーデニングボランティアハンドブック』(共著、北海道大学出版会、2014）ほか。

こんな樹木葬で眠りたい

自分も家族も幸せになれるお墓を求めて

2018年8月13日　初版第1刷発行

著者……………上田裕文

編集協力…………大谷智通（スタジオ大四畳半）
ブックデザイン……宮脇宗平
編集担当…………熊谷 満
発行者……………木内洋育
発行所……………株式会社旬報社
〒162-0041
東京都新宿区早稲田鶴巻町544　中川ビル4F
TEL 03-5579-8973
FAX 03-5579-8975
HP http://www.junposha.com/
印刷製本…………中央精版印刷株式会社

ISBN 978-4-8451-1550-1